« GOUVERNANCE »

ALAIN DENEAULT

« GOUVERNANCE »

Le management totalitaire

© Lux Éditeur, 2013
www.luxediteur.com

Dépôt légal: 1er trimestre 2013
Bibliothèque et Archives Canada
Bibliothèque et Archives nationales du Québec
ISBN: 978-2-89596-155-0

Ouvrage publié avec le concours Conseil des arts du Canada, du Programme de crédit d'impôt du gouvernement du Québec et de la SODEC. Nous reconnaissons l'aide financière du gouvernement du Canada par l'entremise du Fonds du livre du Canada (FLC) pour nos activités d'édition.

Difficile de ne pas écrire de satires.

JUVÉNAL

Introduction

« **G**OUVERNANCE »… un terme d'apparence inoffensive, mais qui provoque des ravages. La gouvernance oblitère notre patrimoine de références politiques pour lui substituer les termes tendancieux du management. Toute matière tourne désormais autour d'enjeux de gestion, comme si on pouvait ainsi mener des politiques. La perversion est totale.

« Gouvernance »… Rien de tel qu'un terme sans résonance philologique pour mettre la langue en échec et désorienter la pensée. Tout au plus ce terme signifiait-il dans la France du xve siècle le fait de bien se tenir. « Chevalier, dist la voix, la male gouvernance de la personne le mene à puante fin […][1]. » On l'a aussi repéré au xiiie siècle comme un synonyme de gouvernement[2]. Furtivement employé en ce sens par les Anglais au xve siècle[3], le mot s'est évanoui, jusqu'à ce qu'on le retrouve à la fin du xxe dans le domaine managérial de l'anglais, puis dans le discours sociopolitique de la mondialisation contemporaine.

---

1. Anonyme, *Le Roman de Perceforest,* xve siècle, t. 5, f°65, cité dans Émile Littré, *Dictionnaire de la langue française,* Paris, Hachette, 1874, entrée « Gouvernance ».

2. Entrée « Gouvernance », *Le Robert,* Paris, Dictionnaires Le Robert, 2008.

3. Olivier Paye, « La gouvernance. D'une notion polysémique à un concept politologique », Québec, *Études internationales,* vol. 36, n° 1, mars 2005, p. 13-40, www.erudit.org/revue/ei/2005/v6/n1/010730ar.pdf

Les théoriciens des organisations, parmi lesquels Oliver Williamson[4], réactivent les premiers le terme «gouvernance» dans le dernier quart du XXᵉ siècle pour décrire et réguler le fonctionnement des instances et des structures d'entreprise, dans la lointaine foulée des travaux développés dans l'entre-deux-guerres par l'économiste Ronald Coase sur la «coordination» des acteurs concernés par une entreprise[5]. Le milieu des affaires adopte l'usage du mot à son tour, en en faisant cette fois un synonyme d'intégrité et de rigueur dans la gestion d'entités privées. On est dans les années où les investisseurs tentent de se remettre des délits commis par les conseils d'administration d'entreprises telles qu'IBM, Kodak, Honeywell et, plus tard, WorldCom et Enron. De surcroît, les actionnaires, les créditeurs et les fournisseurs, encouragés par le dérèglement de l'économie à pratiquer de l'*institutional shareholder activism* (un militantisme d'ayants droit en tout genre), s'inquiètent des dérives potentielles d'institutions privées auxquelles leur sort est lié. Le congédiement des PDG ou les mises en faillite ne semblent pas suffire à rassurer les marchés. On annonce alors la mise en place de programmes de *corporate governance,* soit l'application de méthodes de saine gestion des fonds que les investisseurs confient aux entreprises, par la voie de processus, normes, politiques, règlements et professions de foi éthiques. Cette reconfiguration des règles prend appui sur une volonté des

---

4. Oliver E. Williamson, «The Economics of Organization: The Transaction Cost Approach», *American Journal of Sociology,* University of Chicago Press, vol. 87, n° 3, novembre 1981, p. 548-577.

5. Ronald Coase, «The Nature of the Firm», *Economica,* vol. 4, n° 16, 1937.

institutions privées de s'autoréguler. Elles sont donc invitées à créer des mécanismes d'encadrement de leur organisation ; au point que la « bonne gouvernance » en vient pour les entreprises à justifier l'adoption de mesures accrues de surveillance de leurs employés — de préférence par voie électronique et informatique — pour les mettre au pas et « optimiser » la moindre de leurs opérations[6].

La gouvernance devient alors pour l'entreprise privée ce que la politique est à la société dans son ensemble. Et il ne faudra qu'un pas, vite franchi, pour que l'on inverse la proposition et que l'on voie plutôt en la politique l'analogue de la gouvernance d'entreprise. Implantée dans le champ de la vie publique par Margaret Thatcher au tournant des années 1980, la gouvernance justifiera ainsi une mutation du rôle de l'État. Cet euphémisme masque en réalité une révolution. Sous couvert de réaffirmer la nécessité d'une saine gestion des institutions publiques, le terme désignera non seulement la mise en œuvre de mécanismes de surveillance et de reddition de comptes, mais également la volonté de gérer l'État à la manière prétendument efficace d'une entreprise. Les technocrates de la première ministre « ont alors affublé du joli nom de *governance* la gestion néolibérale de l'État, qui s'est traduite par la déréglementation et la privatisation des services publics, et la mise au pas des organisations syndicales[7] ». Qui plus est, « gouvernance »

---

6. Libero Zuppiroli, *La bulle universitaire. Faut-il poursuivre le rêve américain ?*, Lausanne, Éditions d'en bas, 2010, p. 46 et suiv.

7. Jacques B. Gélinas, *Dictionnaire critique de la globalisation. Les mots du pouvoir, le pouvoir des mots*, Montréal, Écosociété, 2008, entrée « Gouvernance », p. 151.

désignera la volonté politique d'adapter les institutions aux besoins de l'entreprise elle-même, afin de l'aider, elle, à prendre son essor et à performer aux plans national et mondial, étant entendu que c'est du développement de celle-ci que dépend celui du corps public dans son ensemble. Plus tard, l'Union européenne éditera son « Livre blanc[8] » sur la gouvernance visant à faire admettre ses prémisses aux populations du continent sur un mode facticement participatif, ce que Denis Saint-Martin qualifiera de « coup d'État conceptuel[9] ».

L'objet de la sociologie des organisations, s'il s'agit d'être critique, excède alors son propre champ pour recouvrir l'ensemble des modalités politiques d'organisation et non plus seulement tels ou tels types circonscrits d'institutions.

Dans les années 1990, conformément à la méthode développée par l'expert en manipulation des masses Edward Bernays[10], les tenants de la gouvernance auraient réuni des faiseurs d'opinion capables de conférer rapidement de la crédibilité à ce sème sorti de nulle part. Personnalités politiques, diplomates et économistes, partisans dits modérés de l'économie de marché et figures emblématiques du « développement international » se rassemblent au sein d'une commission indépendante (la Com-

---

8. Commission des communautés européennes, « Gouvernance européenne. Un livre blanc », Bruxelles, 25 juillet 2001.

9. Denis Saint-Martin, « La gouvernance comme conception de l'État de la "troisième voie" dans les pays anglo-saxons », dans Guy Hermet, Ali Kazancigil et Jean-François Prud'homme, *La gouvernance. Un concept et ses applications,* Paris, Karthala, 2005, p. 89.

10. Edward Bernays, *Propaganda. Comment manipuler l'opinion en démocratie,* Paris et Montréal, La Découverte et Lux, 2007 et 2008.

mission on Global Governance[11]) et jettent les bases idéologiques de la «gouvernance mondiale». Il s'agit alors de faire admettre la notion par les penseurs de l'État comme une matrice conceptuelle pour la gestion publique dans le contexte de la globalisation. Sise à Genève, cette commission est codirigée par un curieux tandem composé du Suédois Ingvar Carlsson et de la Guyanaise Shridath Ramphal, une union entre un tenant de la social-démocratie et l'ancienne ministre de la Justice d'une plaque tournante du narco-trafic[12]. Parallèlement, l'anglais du management ne tarde pas à coloniser les différentes langues du monde. La commission reçoit la bénédiction du secrétaire général de l'ONU, Boutros Boutros-Ghali[13]. Elle produit l'ouvrage de référence *Our Global Neighborhood,* un ersatz de philosophie politique couvrant tous les aspects de l'administration publique (sécurité, économie, politique internationale et droit). Rédigée dans une rhétorique «boy-scoutiste»,

---

11. La Commission on Global Governance avait pour membres les coprésidents Ingvar Carlsson (Suède) et Shirdath Ramphal (Guyana), ainsi qu'Ali Alatas (Indonésie), Abdlatif Al-Hamad (Koweït), Oscar Arias (Costa Rica), Anna Balletbò i Puig (Espagne), Kurt Biedenkopf (Allemagne), Allan Boesak (Afrique du Sud), Manuel Camacho Solís (Mexique), Bernard Chidzero (Zimbabwe), Barber Conable (États-Unis), Jacques Delors (France), Jiri Dienstbier (République tchèque), Enrique Iglesias (Uruguay), Frank Judd (Royaume-Uni), Lee Hong-koo (République de Corée), Wangari Maathai (Kenya), Sadako Ogata (Japon), Olara Otunnu (Ouganda), I.G. Patel (Inde), Celina Vargas do Amaral Peixoto (Brésil), Jan Pronk (Pays-Bas), Qian Jiadong (Chine), Marie-Angélique Savane (Sénégal), Adele Simmons (États-Unis), Maurice Strong (Canada), Brian Urquhart (Royaume-Uni) et Yuli Vorontsov (Russie).

12. Patrice Meyzonnier, *Trafics et crimes en Amérique centrale et dans les Caraïbes,* Paris, Presses universitaires de France, 2000, p. 120.

13. Commission on Global Governance, *Our Global Neighborhood,* Oxford University Press, 1995, p. xv.

la proposition file la métaphore du village global et vante un proverbial bon voisinage de tous entre tous. Nettement toutefois, les tenants de la gouvernance cherchent à « réformer » l'onu, voire à la transformer complètement. *Our Global Neighborhood* se donne ce mot d'ordre dès les premiers paragraphes de son introduction : « Le système international mis en place par la charte de l'onu doit être renouvelé[14]. »

Dès 1989, les sémanticiens de la Banque mondiale ne manqueront pas d'intégrer la gouvernance à leur jargon[15] et d'en imposer l'usage au Sud à partir de 1992[16]. D'un point de vue méthodologique, la Banque mondiale synthétise alors les travaux de plusieurs économistes et théoriciens des organisations, militant pour une gestion optimale des entreprises (la « réduction des coûts de transaction »), un engagement volontaire de leur part pour palier les conséquences néfastes de leur exploitation (« l'internalisation volontaire des externalités »), ainsi que la minimisation des conflits en justice (« le *private ordering*[17] »). On parlera alors de « bonne gouvernance ». Cette expression,

---

14. Commission on Global Governance, *Our Global Neighborhood, op. cit.*, p. xiv. (Nous traduisons. Le document de la Commission, traduit en français sous le titre *Notre voisinage commun. La vision de base* et publié à Genève en 1995 est aujourd'hui pratiquement inaccessible, tandis que l'original anglais, très largement diffusé, fait aujourd'hui office de référence, même auprès du lectorat francophone.)

15. Banque mondiale, « Sub-Saharan Africa. From Crisis to Sustainable Growth », Washington, Banque mondiale, 1989.

16. Banque mondiale, « Governance and Development », Washington, Banque mondiale, 1992.

17. Jean Cartier-Bresson, « Les mécanismes de construction de l'agenda de la gouvernance », *Mondes en développement*, vol. 38, n° 152, 2010, p. 115.

qui prend le relais de celle d'État « providence », continue de suggérer une disposition des pouvoirs publics à la bonté, tout en désignant une méthode de gestion. Toutefois, à travers l'usage qu'en fait le régime Thatcher dans les écrits officiels, on voit nettement poindre en elle le sens suivant : adapter l'État aux *desiderata* de l'entreprise et du capital. Il restera aux responsables des pays pauvres à suivre ce que les technocrates internationaux leur montreront du regard : transformer leurs institutions publiques et leur juridiction de façon à ce qu'elles conviennent au capital pour qu'il soit « attiré » chez eux. La « bonne gouvernance » tend dès lors à rendre responsables de leur sort les pays pauvres qui ne sabordent pas leurs structures publiques afin de garantir aux investisseurs le droit d'accès aux ressources. Les emprunts de la Banque mondiale à maintes théories hétérogènes servent davantage un effort de rhétorique qu'une recherche rigoureuse. « Nous n'avons finalement qu'un puzzle théorique servant une politique », résumera le politologue Jean Cartier-Bresson[18]. Jacques B. Gélinas renchérira : « Toujours à la recherche de nouvelles stratégies et d'un nouveau vocabulaire pour justifier son impuissance à atteindre son objectif de "réduction de la pauvreté" dans le Tiers-Monde, la Banque mondiale exige la "bonne gouvernance" comme condition d'accès à son "aide" financière[19]. » La gouvernance sera alors dite bonne pour les peuples s'ils sont bons au chapitre de la gouvernance.

---

18. *Ibid.*, p. 116.
19. Jacques B. Gélinas, *Dictionnaire critique de la globalisation, op. cit.*, p. 152.

D'un point de vue contestataire mais marginal, « gouvernance » est peu à peu devenu, depuis lors, l'expression retenue
pour faire valoir une nouvelle forme de pouvoir collaboratif
qui pourrait remédier à la mise en échec de l'ONU. Le Collegium
international, constitué de figures bien-pensantes de la critique[20], en appelle dans son recueil *Le monde n'a plus de temps à
perdre*[21] à l'élaboration de contrôles supranationaux non étatiques dans la mondialisation économique. Le flou de la formule
correspond au caractère désemparé de l'entreprise : à preuve,
le cri du cœur de Michael W. Doyle en faveur d'un « dialogue
authentique », de « normes » et d'un « leadership plus extra-
verti » à l'échelle mondiale afin de faire face au siècle de crises
qui s'ouvre[22].

Plutôt que de jeter son dévolu sur un terme déjà lourdement
hypothéqué, Alain Supiot a préféré pour sa part revenir à un texte
fondateur des institutions internationales de l'après-Seconde
Guerre mondiale : la déclaration de Philadelphie de la Confé-
rence générale de l'Organisation internationale du travail. Ce
texte réaffirmait, le 10 mai 1944, le droit des gens à ne pas être
traités et utilisés comme des ressources instrumentales par les
pouvoirs constitués. Pour Alain Supiot, cette déclaration se récla-
mait d'un monde « aux antipodes de la dogmatique ultralibérale

---

20. Mireille Delmas-Marty, Michael W. Doyle, Stéphane Hessel, Bernard
Miyet, Edgar Morin, René Passet, Michel Rocard et Peter Sloterdijk.

21. Mireille Delmas-Marty, Michael W. Doyle, Stéphane Hessel *et al.*, *Le
monde n'a plus de temps à perdre. Appel pour une gouvernance mondiale, soli-
daire et responsable*, Paris, Les liens qui libèrent, 2012.

22. Michael W. Doyle, « La gouvernance mondiale au XIXᵉ siècle », dans *Le
monde n'a plus de temps à perdre, op. cit.*, p. 136.

qui domine les politiques nationales et internationales depuis trente ans[23] ». L'auteur inscrit tout naturellement la gouvernance au chapitre d'une telle dogmatique, en tant qu'il s'agit d'un ordre procédant davantage d'évaluations chiffrées que de lois universelles. « Selon cette doctrine managériale, les États doivent être soumis aux mêmes règles de fonctionnement que les entreprises opérant sur des marchés concurrentiels. C'est-à-dire qu'ils doivent réagir à des signaux chiffrés qui, à la manière des prix du marché, seraient une image vraie du monde où ils opèrent[24]. » À partir de ce cadre d'analyse, mieux approprié à notre époque, Supiot ne croit pas que les espaces étatiques ne sont pas à même de traiter d'enjeux internationaux, mais plutôt que les institutions internationales, déjà responsables du désordre politique mondial, nuisent aux États qui cherchent à se soustraire à leur emprise. En témoignent les projets de libre-échange soutenus par l'Organisation mondiale du commerce (OMC) qui cherchent formellement à écarter les États des enjeux commerciaux.

Contrairement aux termes « démocratie » ou « politique » qu'elle tend à occulter, « gouvernance » ne définit rien nettement ni rigoureusement. La plasticité extrême du mot déjoue le sens, et cela semble même être son but. On fait *comme si on se comprenait* au carrefour de sa vanité sémantique. On s'en persuade. À cause de son flou, l'expression donne peu de prises à la discussion, voire à la dispute, tout en délivrant un message capital :

---

23. Alain Supiot, *L'esprit de Philadelphie. La justice sociale face au marché global,* Paris, Seuil, 2010, p. 10.

24. *Ibid.*, p. 83.

elle est une politique «sans gouvernement», mondialement promue, que poursuivent sur un mode gestionnaire ou commercial des membres sociaux isolés représentants d'intérêts divers. Des bâilleurs de fonds intéressés n'ont pas eu de peine à trouver au sein de la population, rebaptisée «société civile», des universitaires, journalistes et responsables d'organisations prompts à diffuser la Bonne Nouvelle. Confisquer ainsi les termes traditionnels de la pensée politique au profit d'un nouveau lexique s'appelle peut-être une révolution. Notre actualité en résulte, mais sur un mode indiscernable. Car au nom de la gouvernance, il ne s'agit plus d'ériger le mythe d'un nouveau contrat social, mais de prétendre qu'une fois ce contrat déchiré s'ouvrirait l'ère heureuse de la contractualisation plurielle et de la délibération perpétuelle.

Jusqu'alors, la gestion gouvernementale avait toujours été entendue comme une pratique au service d'une politique publiquement débattue. Mais puisque cette politique s'est laissée renverser par cette pratique au point de s'effacer à son profit, il convient de dire de la gouvernance qu'elle prétend à un art de la gestion pour elle-même. Aucun registre discursif ne semble à même de la dominer. Une telle mutation promeut le management d'entreprise et la théorie des organisations au rang de la pensée politique. Que de simplifications de ce fait! Le fin mot de l'histoire, celui de «gouvernance», postule implicitement la fin même de l'histoire. On ne parle plus par grappes que d'intérêts respectifs pour des choses circonscrites. Nulle agora n'est requise pour débattre de la chose commune. Ce phénomène est tristement corroboré par la monotonie du discours politique et la médiocrité des «partis politiques de gouvernement».

Les « sémanticiens » anonymes de la gouvernance en viennent même à saborder la très brève genèse de leur terme fétiche. C'est vainement qu'on cherchera dans les manuels sur la gouvernance une histoire du concept qui aille au-delà de la commission de 1995[25]. Le passé managérial de la notion est tu afin de lui donner une portée politique pleine et entière. La gestion technicienne prenant le pas sur la politique, il est entendu que la conscience publique se retrouve plongée dans un étroit présent. Un présent déconnecté, éthéré, qui ne touche à rien de la présence, mais plane au-dessus d'elle, voire la contredit indifféremment. Il s'explique ainsi que cette matrice nouvelle se soit constituée, comme substantif, à partir d'un participe présent, celui du verbe « gouverner ». Être gouvernant = la gouvernance. Le participe présent est en français le temps de verbe le plus faible, le moins engageant. Ainsi ramenée à un présent perpétuellement conjugué, la gouvernance ne désigne même plus l'acte de gouverner, mais le « gouverner » comme *état*. L'expérience en ressort vidée de toute signification, comme si on disait soudainement « la marchance » plutôt que « la promenade ».

De ce fait, même typographiée en lettres capitales, la GOUVERNANCE ne fait trembler personne et ne produit aucun

---

25. Margaret P. Karns et Karen A. Mingst, *International Organizations: The Politics and Processes of Global Governance,* Boulder (CO) et Londres, Lynne Rienner Publishers, 2004 ; et Paul F. Diehl (dir.), *The Politics of Global Governance: International Organizations in an Interdependant World,* Boulder (CO) et Londres, Lynne Rienner Publishers, 2001. Signe du caractère autoréférentiel de cette notion, l'éditeur s'est contenté d'échanger, à quelques mots près, les titres et intertitres de ces deux livres qu'il a fait paraître coup sur coup sur ce même thème.

effet. Rien, en tous les cas, des passions et idées qu'ont historiquement suscitées *La république, Le Léviathan* ou *Le capital*. Il convient néanmoins d'étudier ce mode opératoire de la politique du XXIe siècle à l'aune de la pensée politique traditionnelle, si on souhaite en comprendre les prémisses redoutables qui conduisent désormais nos raisonnements. Une prémisse est une assertion de départ de laquelle découle une série de conséquences. Nous faisons aujourd'hui collectivement les frais de celles qui fondent sourdement la gouvernance. Il est ici question, pour le pire, d'une révolution anesthésiante.

Note de la traductrice des ouvrages cités

Les langues du monde ont été colonisées par un anglais de type particulier, celui du management. Il est utilisé par les gestionnaires pour instrumentaliser leur prochain dans un langage feutré. De nombreux textes écrits dans cette variante de l'anglais se sont trouvés traduits vers le français de façon servile, en reproduisant tels quels les mots et les tournures propres à l'anglais. Dans le domaine du management, il existe ainsi une abondante documentation écrite en un « français » qui ne constitue en fait que de l'anglais translittéré ou déformé. Ainsi, des traducteurs de *Our Global Neighborhood* ont fait de ce titre, en français, *Notre voisinage commun*. Le vocabulaire et la syntaxe de cet anglais déguisé en français se répandent à l'extérieur du domaine du management avec la montée de l'idéologie correspondante.

Il y a aussi des traductions qui respectent la syntaxe française et le sens des mots français. Ces traductions mieux faites contribuent à l'émergence d'un véritable « français du management ». Nous avons néanmoins choisi de traduire vers le pseudo-français managérial les citations dont la langue d'origine est l'anglais managérial. Nous n'avions pas envie de chercher à exprimer avec un style authentiquement français les faux-fuyants toxiques du management. C'est donc sciemment que nous avons mis entre les guillemets, tout au long de ce livre, les calques de l'anglais, les faux amis, les lourdeurs et les maladresses que nous fait subir régulièrement la documentation sur la « gouvernance », bien qu'ils grincent à notre oreille autant qu'à celle de nos lectrices et lecteurs.

Catherine Browne

Réduire la politique à une technique

Faire de la politique relève d'une technique qui s'enseigne. À la suite des travaux de la Commission on Global Governance et de son *Our Global Neighbourhood,* l'Institut sur la gouvernance (IOG), un *think tank* d'envergure internationale sis au Canada[1], se propose d'accoutumer à la rectitude les organisateurs d'activités politiques. En clair, dresser les intervenants publics pour qu'ils se plient à un certain format ; moduler techniquement la parole publique. Et surtout, nettoyer l'histoire de ce qui la dépolit : les passions, les affects, les cris du cœur, les refus, les pensées vraies nouvellement articulées, les interpositions, les soulèvements, les ripostes soudaines, les frondes indignées, les paroles qui se cherchent, les modalités d'intervention qui s'inventent, quand il n'y va pas enfin de propositions châtiées qui critiquent adéquatement le régime là où ses leurres l'emportent, en soutenant les postulats d'une alternative possible. Nettoyer, donc, l'histoire de celles et ceux

---

1. « Fondé en 1990, l'Institut sur la gouvernance (IOG) est un organisme canadien indépendant, sans but lucratif et d'intérêt public dont le siège social est situé à Ottawa, avec un autre bureau à Toronto. [...] Au cours des vingt dernières années, l'Institut a œuvré en vue d'offrir une meilleure compréhension de ce qu'est la gouvernance et d'améliorer les pratiques en la matière. L'Institut a entrepris plus de 1 000 projets au Canada et dans 35 autres pays. » (Présentation du site web de l'IOG, http://iog.ca/fr/à-propos-de-nous)

qui n'ont pas connu le luxe d'être formés à l'exercice du pouvoir dans les écoles des bonnes manières — la gouvernance.
L'*organon* de cet Institut sur la gouvernance, *Partnerships:
Putting Good Governance Principles in Practice,* se présente
également comme un fascicule de vente: « *We provide advice* »,
« Conseils en tous genres ». Une telle proposition, qui se réclame
du Programme des Nations Unies sur le développement (PNUD)[2],
peut paraître sensée dans la mesure où l'expertise prétend avoir
recouvré le champ de l'histoire, la pensée qui l'irrigue et le
caractère événementiel qui la qualifie essentiellement. Elle le
fait donc au nom d'une méthodologie de l'agir politique qui
entend dénaturer ce qui définit l'histoire, au profit du mythe
de la maîtrise. On pervertit ainsi l'histoire en faisant preuve
d'une imperceptible coercition : l'enchaînement à une conception déterministe qu'il faudrait avoir de l'histoire l'emporte
sur sa compréhension comme l'épreuve d'un possible déchaî-
nement. L'histoire cesse d'advenir souverainement en des évé-
nements impondérables, sous le prétexte d'une souveraineté
autoproclamée de l'expert en matière de décisions politiques.
L'important est moins d'avoir raison que de se présenter comme
dépositaire de la raison ; et de commercialiser ses aptitudes
alléguées. Les experts de la bonne gouvernance se contentent
alors de postuler l'existence d'une faculté, chez eux, leur per-
mettant de maîtriser l'exercice technique du pouvoir politique,
d'inculquer aux citoyens l'art de se prononcer sur les affaires

---

2. Laura Edgar, Claire Marshall et Michael Basset, « Partnerships: Putting
Good Governance Principles in Practice », Ottawa, Institut sur la gouvernance,
2006, p. 1.

publiques en fonction d'intérêts préalablement adaptés aux conjonctures et d'imposer les modalités par lesquelles prendre les décisions afférentes. Littéralement, « comment le pouvoir est exercé, comment les citoyens se font donner une voix, comment les décisions sont prises[3] ».

---

3. *Ibid.*, présentation, p. 1 (nous traduisons).

Restreindre l'État à une entité privée

Il s'entend, au vu de la gouvernance, que l'État ne repré-
sente nul autre intérêt que ceux d'un clan replié sur lui-
même. Il se révèle l'appellation particulière d'une coterie
n'entretenant aucun lien avec le reste de la société. C'est un
postulat hissé de façon péremptoire au rang de l'évidence :
«Nos dirigeants politiques n'incarnent pas nécessairement les
valeurs communes : ils défendent des projets particuliers», écrit
le politiste et consultant Gilles Paquet[1], sans évoquer le fait
électoral qui lie minimalement le gouvernement à sa population ni le lien d'influence qui l'associe si souvent aux lobbies
privés. L'ONU n'échappe pas à l'implacable logique promue par
les pionniers de la «gouvernance globale» : elle se révèle «appartenant à elle-même, n'étant la propriété de personne sauf de ses
propres fonctionnaires, et même, dans une certaine mesure,
superflue[2]». La doctrine de la gouvernance reconnaît certes les
institutions publiques, mais pour les isoler et les neutraliser
aussitôt. Elle les présente en regard de «divers secteurs de la

---

1. Gilles Paquet, *Gouvernance collaborative. Un antimanuel*, Montréal,
Liber, 2011, p. 30.

2. Commission on Global Governance, *Our Global Neighborhood, op. cit.*,
p. 227 (nous traduisons).

société » et de « citoyens » atomisés[3]. C'est la théorie ultralibérale de Thomas Paine, lue hors contexte. On comprend que ce
sujet britannique et les siens terrés dans les colonies américaines au xviiie siècle se soient crus dépourvus de structure
reflétant leurs vies contingentes. Ils avaient effectivement pour
tout gouvernement une force impériale étrangère dressée devant
eux. On pouvait alors conclure qu'« une grande partie de cet
ordre qui règne parmi l'humanité n'est pas l'effet du gouvernement[4] ». Mais l'existence d'un gouvernement hostile ne rendait
pas pour autant superflues des formes d'organisation publique :
Paine, tout individualiste avant la lettre qu'il était, mettait néanmoins en avant qu'« aucun homme n'est capable, sans l'aide de
la société, de répondre à ses propres besoins[5] ». Le problème cir-
constanciel que combattait Paine — l'ingérence d'un État désa-
dapté dans les affaires d'une communauté —, la doctrine de la
gouvernance l'entérine comme une donnée fondamentale et
en fait même une prémisse : l'État existe comme pôle d'intérêts à part d'un monde qui évolue sans lui et il ne cultive avec
ce dernier que des liens privés d'intérêts. Ce n'est donc pas la
perversion de l'État que dénonce la théorie de la gouvernance,
mais l'État comme entité nécessairement perverse. D'où qu'elle
juge souhaitable de le contenir. De telles assertions ne vont pas

----

3. Laura Edgar, Claire Marshall et Michael Basset, « Partnerships : Putting
Good Governance Principles in Practice », *op. cit.*, p. 1 (nous traduisons).

4. Thomas Paine, *Rights of man* [1791], dans *Common Sense, Rights of
Man, and other Essential Writtings,* New York, Penguin Books, 1969, p. 270
(nous traduisons).

5. *Ibid.*

sans arrière-pensées. Elles ouvrent la voie à de nouvelles formes de pouvoir appelées à se développer dans l'espace laissé libre par des structures publiques ainsi esseulées. « La gouvernance, c'est plus qu'un gouvernement, plus qu'une administration publique, plus qu'un modèle ou qu'une structure de gouvernement[6]. » L'État, redéfini selon le principe sous-jacent de la gouvernance, acquerra ensuite pour principale fonction celle de légitimer les modalités de fonctionnement des puissants qui l'amèneront alors à intervenir le moins souvent possible de sa propre initiative dans les affaires du monde[7]. La « gouvernance », en tant que néologisme flou, consiste ainsi à nommer le nouvel ordre politique qui doit se dessiner par-delà l'État, mais moins pour institutionnaliser un ordre commun que pour mettre les peuples encore plus hors de portée de structures publiques par lesquelles ils pourraient chercher à constituer souverainement leur subjectivité historique.

---

6. Laura Edgar, Claire Marshall et Michael Basset, « Partnerships : Putting Good Governance Principles in Practice », *op. cit.*, p. 1.

7. Yvan Allaire, « Rona : la vraie leçon à tirer », Montréal, *Le Journal de Montréal*, 6 août 2012, reproduit sur le site web de l'Institut sur la gouvernance d'organisations privées et publiques (IGOPP), dont l'auteur est directeur exécutif : http://igopp.org/rona-la-vrai-lecon-a-tirer.html

Fantasmer la « société civile » dans un état de nature sans tourment

L a doctrine de la gouvernance fige en un temps absolu le moment contingent où, dans l'histoire, l'institution publique est apparue comme un objet de méfiance. Afin de juguler cette dernière, elle demande en effet que l'on s'inspire continuellement de ce jour. Elle préconise alors de flanquer l'État de membres dits de la « société civile » afin qu'ils l'investissent et interagissent avec lui tout en le dépassant. Ce grand recul historique constitue ce qu'elle a de neuf à offrir : « Ce qui est également nouveau, c'est le rôle des personnes (*people*) et le fait de mettre l'accent sur les personnes plutôt que les États[1]. » Mais cette doctrine soutient ce postulat en estropiant au passage le sens même de la société civile, qui devient soudainement un tout distinct de la chose publique et étranger à elle. Cette notion de société civile relègue subitement les sujets politiques à un état de nature inattendu. La théorie de la gouvernance s'écarte de celle d'un philosophe libéral de référence comme John Locke, pour qui la société civile comprenait bien entendu ceux au nom de qui est institué un pouvoir législatif capable de garantir des droits naturels antérieurs à lui, mais que lui seul

---

1. Commission on Global Governance, *Our Global Neighborhood, op. cit.*, p. xiv (nous traduisons).

est toutefois à même de faire valoir. «Ceux qui composent un seul et même corps, qui ont des lois communes établies, et qui ont l'autorité de terminer les disputes et les procès [...], ceux-là, écrivait-il, sont en *société civile* les uns avec les autres[2].» La doctrine de la gouvernance situe les sujets politiques à un stade antérieur à ce moment initial de la vie structurée en société. Elle s'éloigne donc encore davantage de la société civile telle que la mettait de l'avant un autre philosophe, Jean-Jacques Rousseau, au sens de la foule politique qui porte historiquement les institutions et leur confère un sens — comme dans la phrase: «Au lieu de dire que la société civile dérive du pouvoir paternel, il fallait dire au contraire que c'est d'elle que ce pouvoir tire sa principale force[3].» Au nom même de la société civile, la doctrine de la gouvernance se trouve au contraire à définir les sujets politiques comme des éléments épars formant une «société» en marge de ses propres institutions... Cela ne manque pas de rendre perplexe. Fait sans précédent dans l'histoire de la pensée politique, la «nature» à laquelle on confine ces sujets ne pose aux dogmatistes de la gouvernance aucune question philosophique. Cet état de nature n'est ni celui d'une âpre violence mutuelle dans lequel Thomas Hobbes concevait les hommes avant qu'ils ne s'effarouchent devant un puissant Léviathan, ni le moment logique d'une solitude autarcique dont traitent Locke et Rousseau. La nature depuis laquelle la

---

2. John Locke, *Traité du gouvernement civil,* Paris, Garnier-Flammarion, 1992 [1690], § 87, p. 206-207.

3. Jean-Jacques Rousseau, *Discours sur l'origine et les fondements de l'inégalité parmi les hommes,* Paris, Garnier-Flammarion, 1992 [1754], p. 244.

gouvernance pense le sujet naturel est celle d'une imparable moyenne, ou d'une médiocrité plutôt, dans laquelle l'enferme une histoire arrivant à sa fin et de laquelle rien de grand jamais ne ressort. Chaque sujet se voit devenir tout au plus le lobbyiste respectif de ses velléités. La pulsion de mort semble la seule chose qui le motive, ses petits intérêts le seul dessein qui l'anime, la délibération préprogrammée la seule pensée dont il soit capable.

Postuler la montée en force d'un « citoyen » réduit à lui-même

L A GOUVERNANCE refoule le « citoyen » à l'état de nature en dépit des prescriptions de la tradition philosophique sur son statut supérieur. Ensuite, elle le présente comme une force montante au fur et à mesure qu'elle en consacre l'affaiblissement. C'est que le terme « gouvernance » promet aux citoyens ainsi démobilisés une force politique fétiche. En témoignent les sages de la « gouvernance mondiale », qui investissent gratuitement le citoyen de puissance dans une assertion telle que : « Au-delà des élections, cependant, les gens commencent à affirmer leur droit de participer à leur propre gouvernance[1]. » Sous l'égide de « leur propre gouvernance », les individus se découvriraient mystérieusement du pouvoir. De manière afférente, le terme *empowerment* dénote un gain en puissance des individus... qui découle du fait d'être historiquement laissés à eux-mêmes. « L'*empowerment* dépend de la capacité des gens de répondre à leurs propres besoins[2]. » Force est de comprendre qu'il revient à ces « individus » de relever des défis historiques qui outrepassent pourtant la faculté des États institués à s'y

---

1. Commission on Global Governance, *Our Global Neighborhood, op. cit.*, p. 36 (nous traduisons).

2. *Ibid.*

mesurer, comme le constatent les mêmes théoriciens par ailleurs : « Il y a des limites à ce que les États individuels peuvent
réaliser[3]. » Ce retour programmé à la déréliction publique, la
doctrine de la gouvernance n'hésite pas à le confondre avec ce
qui lui est pourtant antinomique, un renouveau de la démocratie : « La gouvernance est donc alignée sur la démocratie et
le rôle central que les citoyens doivent jouer dans un système
de gouvernance efficace[4]. » Cette démocratie ne se laisse plus
médiatiser par des institutions, mais par un nébuleux « système
de gouvernance » qu'aucun référent juridictionnel n'encadre et
dans lequel se perdent les quelques garanties constitutionnelles
que les peuples ont conquises dans leur histoire. C'est dans
cette insupportable légèreté de l'être que la société civile comme
sujet historique est appelée à établir un rapport de « partenariat » avec les forces mondialisées du secteur privé ainsi qu'avec
l'État lui-même.

---

3. *Ibid.*, p. 37.

4. Laura Edgar, Claire Marshall et Michael Basset, « Partnerships : Putting
Good Governance Principles in Practice », *op. cit.*, p. 1 (nous traduisons).

Prémisse 5

Rendre folklorique le droit des peuples à l'autodétermination

S I LES PIONNIERS de la gouvernance globale reconnaissent le droit à l'autodétermination des peuples, c'est aussitôt pour les refouler dans la catégorie d'un « voisinage global ». Cette imagerie informe leur permet de contourner à peu de frais la notion de peuple et ses assises étatiques traditionnelles[1]. Une telle conception du monde permet à l'Integral Governance Institute (IGI) de pratiquer un exemplaire déni sociologique en réduisant la politique à une « posture d'équivalence » entre des acteurs réduits à leur « souveraineté individuelle ». Pourquoi cet « institut de la gouvernance intégrale » postule-t-il par ailleurs, sans plus de précaution méthodologique, un fait d'égalité entre acteurs sociaux, au titre d'une souveraineté qui leur est propre ? Parce que cette théorie est lucrative. L'institut peut ensuite, non sans ésotérisme, proposer aux ressortissants de nulle part, ne sachant plus à quel titre cohabiter, ses services en conciliation. « Médiation, Communication non violente, Intelligence collective, Sociocratie, Holacracy™ à travers l'ap-

---

1. Commission on Global Governance, *Our Global Neighborhood, op. cit.*, p. 74.

proche de la Gouvernance intégrale[2] » : il s'agit littéralement de techniques de marque. Le *pseudocitoyen* né dans les temps étales de la gouvernance ne se voit ni défini ni autorisé par quelque instance publique clairement identifiable, que ce soit l'État ou une autre structure intelligible, pas plus qu'il ne se destine à participer à la définition et à la conception des modes d'encadrement de la gouvernance qui l'assignent à un rôle flou. Apatride, il se découvre tout simplement au « centre » de la vie politique, en même temps que dans un point aveugle d'où sourdent les formes inédites de pouvoir qui lui échappent.

---

2. Fascicule de proposition de services de l'Integral Governance Institute : http://igipartners.com/sites/default/files/flyerigi.pdf

Prémisse 6

Assigner des fonctions et prérogatives selon une définition *sui generis*

O N NE DÉFINIT pas la gouvernance. La gouvernance définit
autrui ; et elle se définit elle-même par la même occasion. Elle devient le sujet de l'histoire. La gouvernance assigne à
autrui sa définition sociale avant même qu'en ait pu être réfléchi
le fondement théorique. Elle dénote qui participe à la vie publique, qui influe sur l'histoire, qui décide. « Définir la gouvernance :
Qui sont les joueurs ? Qui a de l'influence ? Qui décide[1] ? » Le syn-
tagme *defining governance* entretient lui-même une troublante
polysémie en ce qu'il peut aussi bien se traduire, selon les règles
de la grammaire anglaise, comme un acte — *définir la gouvernance* — que comme une fonction — *la gouvernance qui définit*. Mentionner cette dernière nous signifie immédiatement
comme un subordonné à ses logiques de pouvoir. Les sémanticiens qui contrôlent la portée de ces mots avancent masqués.
Sous couvert d'un intérêt scientifique pour la doctrine, ces lin-
guistes de l'économie se trouvent eux-mêmes à établir les rôles,
les fonctions et les parts qui seront conférés à tous dans la distribution sociale. « L'Institut sur la gouvernance définit la gou-

---

1. Laura Edgar, Claire Marshall et Michael Basset, « Partnerships : Putting
Good Governance Principles in Practice », *op. cit.*, p. 2 (nous traduisons). Il
s'agit du sous-titre de cet *organon* de l'Institut sur la gouvernance.

vernance comme le processus par lequel les sociétés ou les organisations prennent leurs décisions importantes, déterminent qui a une voix, qui est engagé dans le processus et comment des comptes sont rendus[2]. »

---

2. *Ibid.*, p. 2.

SE POSER IMPLICITEMENT COMME LA RÉPONSE
AUX TARES PRÉSUMÉES DES SUJETS

L A THÉORIE des organisations et du management revendi-
que l'origine moderne du discours sur la gouvernance.
Déclinée en plusieurs pratiques, c'est cette théorie qui outille
la communauté des gestionnaires pour notamment « considérer un employé comme un capital plutôt que comme une
ressource[1] ». Une certaine sociologie des organisations s'em-
ploiera par la suite à démontrer scientifiquement que cet employé
devenu strict « capital » se trompe inexorablement lorsqu'il émet
un avis divergeant sur les logiques d'exploitation qui le domi-
nent. Suivez du regard le raisonnement d'une sommité en la
matière, Michel Crozier[2]. Ce dernier jure qu'il hisse son discours au-dessus de toute idéologie. Son postulat : les « systèmes »
organisationnels souffrent d'inertie en raison de trop grandes
prérogatives conférées aux « acteurs ». Étonnamment, tous ses
exemples de stratégies contre-indiquées et d'errance managériale mettent en cause de petits acteurs : le contremaître, l'ou-

---

1. Chantal Gravel et Martin Gravel, *Nouveau management du capital
humain,* Montréal, Presses de l'Université du Québec, 2012, présentation de
l'éditeur.

2. Michel Crozier, *La société bloquée,* Paris, Seuil, 1970 ; et avec Erhard
Friedberg, *L'acteur et le système. Les contraintes de l'action collective,* Paris,
Seuil, 1977.

vrier, le maire d'une petite commune, le préfet d'une région éloignée. En revanche, le chef d'entreprise, le représentant des institutions internationales, le grand banquier ou le chef syndical semblent exogènes au système. Ces « supérieurs », quand vient le temps des exemples, prennent des décisions qui vont dans le sens de ce que l'expertise a « parfaitement démontré » et « testé sérieusement »[3], tandis que leurs subalternes appliquent « la stratégie égoïste de l'acteur » en « trichant »[4]. L'élite passe, dans les manuels qu'elle compose, pour théoriquement infaillible. Les éléments dysfonctionnels que sa théorie isole correspondent à ceux qui n'ont pas personnellement d'intérêts à ce que le système se développe tel qu'il le fait. Eux doivent donc porter l'opprobre de la désobéissance, de l'instabilité, de l'incompétence, de la roublardise et de l'irresponsabilité. Ainsi, lorsque Crozier signale que les rouages institutionnels restent constitués par des gens, ce n'est pas tant pour en humaniser les prises de décision systémiques que pour appréhender la portée néfaste que cette humanité pourrait avoir sur les intérêts des organisations, devant toujours prévaloir. C'est sur la base de cette représentation typique qu'on cherche maintenant à modeler le citoyen de la gouvernance.

---

3. Michel Crozier et Erhard Friedberg, *L'acteur et le système. Les contraintes de l'action collective, op. cit.*, p. 233-234.

4. *Ibid.*, p. 234 et p. 237.

Appliquer une logique d'exclusion déguisée en son contraire

CONTRAIREMENT à ses prétentions, la «bonne gouvernance» relève d'une logique d'exclusion. S'arroger le pouvoir de déterminer qui sont les dépositaires légitimes de la décision publique revient implicitement à désigner qui sera au ban des centres de délibération. L'ellipse permet de faire l'impasse sur les exclus du processus de la gouvernance : ceux qui ne partagent pas sa terminologie doivent implicitement en conclure qu'ils ne sont pas voués à participer à la décision publique. La gouvernance se présente même améliorée du fait de cette exclusion, devenant «bonne» lorsque les participants aux forums qu'elle conçoit se composent de ceux qu'«on» estime former les meilleurs éléments de la société. Qui sont les acteurs (*players*) légitimés à influencer le devenir collectif en prenant les décisions d'intérêt public ? Qui participe au processus de décision ? Qui mène ? Qui décide ? Implicitement (ce qui ne veut pas dire subtilement), les porteurs d'intérêts, ceux qui ont avantage à ce qu'un certain projet soit mené. Tout tourne autour de cette notion d'*intérêt,* et on verra le cadre se resserrer sur une minorité d'acteurs au fur et à mesure qu'on comprendra la doctrine. Les «citoyens ou partenaires» deviennent assimilés en vertu de la conjonction de coordination «ou» qui tend ici à marquer un rapport d'équivalence entre deux termes — «La gouvernance devrait déboucher sur une *performance* qui est réceptive aux intérêts des citoyens ou des partenaires[1]. » L'utilisation, par la théorie de la gouvernance, du vocabulaire de la pensée politique (comme les termes « citoyen » ou « démocratie ») est l'entrée en matière habituelle. On nous la fera oublier sitôt son seuil franchi. Du citoyen, que l'élu de la gouvernance semble être au début, on ne retiendra plus que son identité de partenaire, au sens commercial. Le citoyen, avalé par ce concept managérial, ne pourra ainsi participer aux cercles de décisions publiques que s'il sait promouvoir des intérêts dignes d'un partenaire ainsi entendu. Clairement inégalitaire, la doctrine ne présente guère chaque citoyen comme ayant, comme tel, des intérêts le rendant partie prenante de la vie collective. Elle laisse plutôt entendre que le citoyen ne fait valoir des intérêts que s'il parvient à se constituer en partenaire de ceux qui jouent le jeu de la bonne gouvernance. On passe d'un régime syllogistique, où les sujets ont des droits parce qu'ils sont citoyens, à un autre, qui ne confère de l'attention qu'aux porteurs d'intérêts. Pour reconnaître les acteurs travaillant à « la fabrique de cet ordre politique » et à ce « *political settlement* »[2], le profilage est de rigueur. Il n'y a qu'à lire à cet égard le politiste Dominique Darbon : « Les comportements vestimentaires, l'investissement dans les

---

1. Laura Edgar, Claire Marshall et Michael Basset, « Partnerships : Putting Good Governance Principles in Practice », *op. cit.*, p. 2 (nous traduisons, les auteurs soulignent).

2. Dominique Darbon, « Gouvernance et fabrique de l'ordre politique. La réinvention de la légitimité et le retour des classes moyennes », dans *Chroniques de la gouvernance 2009-2010,* Paris, Institut de recherche et débat sur la gouvernance, 2010, p. 85.

lieux de sociabilité reconnus, l'accumulation de capital culturel et social, la réalisation de placements financiers, économiques, immobiliers ou éducatifs, l'adoption de codes et de règles de bienséance véhiculés par l'ordre politique instauré sont autant d'indices d'identification de ces catégories[3]. » Les autres citoyens se voient pour leur part renvoyés au statut de « soi-disant intellectuels », sous lequel se dissimulent en réalité des « militants » « qui visent seulement à défendre ou à légitimer des positions arrêtées et qui obéissent principalement à une éthique de la conviction », tels que les dénonce cette fois Gilles Paquet, dans un écrit paradoxalement intitulé *Gouvernance collaborative*[4]. Un exemple, au nombre de ces agitateurs indésirables, Yves Michaud. Ce défenseur du « militantisme actionnarial », membre du Mouvement d'éducation et de défense des actionnaires (MÉDAC) visant à faire des citoyens épargnants des acteurs critiques de la haute finance, s'est vu privé de tout soutien de l'Autorité des marchés financiers (AMF) du Québec, malgré le Fonds pour l'éducation et la saine gouvernance (FESG) de près d'un million de dollars que gère cette institution[5]. Le gendarme québécois des affaires financières a préféré au MÉDAC un projet de consultants tourné sans surprise vers les entreprises, celui de l'Institut sur la gouvernance d'organisations privées et publi-

---

3. *Ibid.*

4. Gilles Paquet, *Gouvernance collaborative. Un antimanuel, op. cit.*, p. 43.

5. François Desjardins, « L'AMF ouvre grand ses goussets. Le MÉDAC ne reçoit rien du million sorti du Fonds pour l'éducation et la gouvernance », Montréal, *Le Devoir,* 26 juillet 2012, www.ledevoir.com/economie/actualites-economiques/355364/l-amf-ouvre-grand-ses-goussets-le-medac-ne-recoit-rien-du-million-sorti-du-fonds-pour-l-education-et-la-gouvernance

ques (IGOPP)[6], lui-même fondé par les Hautes Études commerciales de Montréal et l'École de gestion John-Molson[7]. Cette institution est à tel point tournée vers le rendement des entreprises qu'elle fait littéralement de son expertise une marque de commerce[8], proposant d'«accompagner» les organisations «*vers une gouvernance créatrice de valeurs*[MD]». Michaud a exprimé sans détour les raisons de son exclusion : «Le MÉDAC est un organisme qui dérange. L'IGOPP, ça ne dérange pas[9].» Sans parler de contradictions notoires. Au moment où l'AMF finance la recherche sur la bonne gouvernance des institutions privées, elle se trouve elle-même en conflit d'intérêts. Parmi les «partenaires fondateurs» de l'IGOPP, on retrouve... l'AMF[10].

---

6. Site internet de l'AMF, www.lautorite.qc.ca/fr/fesg-pr-promo-gouv-igopp-conso.html

7. IGOPP, «Le rôle clé du président du conseil d'administration», www.igopp.org/le-role-cle-du-president-du.html

8. IGOPP, «Mission et vision», http://igopp.org/-mission-et-vision-.html

9. François Desjardins, «L'AMF ouvre grand ses goussets», *loc. cit.*

10. IGOPP, «Le rôle clé du président du conseil d'administration», www.igopp.org/le-role-cle-du-president-du.html

Rendre la partie (l'organisation privée) plus grande que le tout (l'État)

L'INÉPUISABLE POLYSÉMIE du terme « société », celui de « gouvernance » la comprime. En extrayant un de ses sens qui occultera tous les autres. Au demeurant, il est confondant que l'homonymie « société » désigne tant des entités commerciales que les structures et dispositions de l'ensemble d'une collectivité. Le terme *societas* signifia au début de notre ère des alliances particulières entre associés cherchant à prendre le pouvoir, à commettre des crimes et à mener des opérations commerciales[1]. C'est de ce dernier cas de figure — sinon de tous les trois — que découle aujourd'hui le terme « société » en français, lorsqu'il s'agit de désigner une organisation vouée à produire, distribuer ou commercialiser des biens et services. Mais « société » en est venu également à caractériser tout ce qui tient de la vie publique en général. Plus précisément, la modernité reconnaît sous l'appellation « société » la chose commune en tant qu'elle a succédé à l'ordre dialectique ancien dans lequel s'opposaient, d'une part, la sphère de la vie domestique (l'économie en tant que gestion d'une maisonnée et d'une lignée,

---

1. Hannah Arendt, *Condition de l'homme moderne*, Paris, Calmann-Lévy, 1983, p. 60-61, note 3.

l'*oikos-nomos*) et, d'autre part, celle de la vie politique (la
polis)[2]. C'est que tout a changé. Pour Hannah Arendt, la société
moderne touche désormais moins à des considérations politiques qu'à des enjeux administratifs. D'elle se dégage une sorte
de gouvernement anonyme gérant le conformisme. Les deux
acceptions du terme « société » trouvent ici leur croisement. Les
« lois » sociales relèvent d'une science du contrôle des masses
plus que du droit et de la délibération politique dont jouis-
saient jadis les « hommes libres » d'Athènes. Tandis que la pensée politique se trouve débordée par la société moderne, un
certain domaine privé cessera pour sa part d'être relégué dans
les marges de repli que se donnent des sujets voulant se soustraire au conformisme lourd de l'espace civique. Le « secteur
privé » renvoie désormais à tout autre chose qu'à ces initiatives
dans les marges, mais à quelque chose de si central socialement
qu'on peine à comprendre pourquoi ce domaine porte encore
l'épithète « privé ». Cela se vérifie sur le plan des biens économiques. Si la richesse est sociale tandis que la propriété est
privée, les objets en cause restent à la base les mêmes. Les ressources qui sont disputées dans leur statut — à savoir si elles
relèvent du domaine public ou non — font l'objet d'un passage
au privé lorsqu'elles deviennent des faits de propriétés. L'épithète « privé », lorsqu'il est utilisé pour caractériser une appro-
priation de la richesse commune, prend alors un sens qui n'a
plus rien à voir avec l'attitude de retrait qui consistait à se dis-
tinguer du tout social. C'est le problème qu'Hannah Arendt

---

2. *Ibid.*, p. 77.

met en exergue : « Le mot "privé", quand il s'agit de propriété, [...] perd aussitôt son caractère privatif et s'oppose beaucoup moins au domaine public en général[3]. » En privatisant des éléments de la vie publique, l'organisation privée en prive la collectivité. La société privée opère donc un détournement de richesses au titre de la propriété ; elle ne se dégage pas de la vie publique, mais au contraire s'y engage dans le but d'y assurer une occupation. La société s'en trouve dominée par des sociétés. Le programme managérial qui se substitue au fait politique dans la société moderne contribue alors à jeter les bases d'un ordre gestionnaire que l'expression « gouvernance » baptisera plus tard, et radicalisera. Cette occupation gagne nécessairement toutes les sphères du langage, au point où la gouvernance cherche maintenant à codifier les modes de fonctionnement de la collectivité dans son ensemble à partir du lexique organisationnel qu'elle a déjà développé pour faciliter la gestion des sociétés privées. La société moderne ainsi réfléchie paraîtra comme une entité globale dont la société privée, référentielle, est l'autoritaire synecdoque. On commet cette méprise en haut lieu : « L'erreur de la Banque mondiale est de ne pas dissocier clairement les réformes sectorielles ou locales (une administration comme les douanes) des réformes globales[4]. » Là-dedans privé de définition fondamentale, le citoyen doit se fondre dans le rôle d'un *joueur,* au sens compétitif de *player,* ainsi que dans le rôle d'un *partenaire,* au sens commercial de *stakeholder,*

---

3. *Ibid.,* p. 102.

4. Jean Cartier-Bresson, « Les mécanismes de construction de l'agenda de la gouvernance », *loc. cit.,* p. 120.

pour se découvrir finalement abîmé dans la logique de l'organisation. Comme membre de la société civile participant à des
prises de décision dans des forums où prévalent les seuls jeux
d'intérêts privés, feu le citoyen jouit dans l'ordre de la gouvernance de l'émiettement d'un pouvoir qu'il croira exercer
seulement s'il est naïf. C'est Hegel remis sur sa tête. Comme
joueur, il performe tout au plus dans un rôle de soutien. Si le
forum auquel il participe devient le point à partir duquel se
développeront des politiques et des réglementations publiques, celui-ci se déploie d'abord en fonction des « partenaires »
en présence selon la structure modelée à coup sûr d'après celle
de l'organisation privée, et à son avantage. Quand il n'est pas
sur la touche, le joueur de la gouvernance se laisse entraîner
dans le négoce émanant des organisations privées, de la même
manière que la société dans son ensemble se soumet à la
dynamique du groupe qui se place en position de l'encadrer.
L'ordre des priorités est clair : « La bonne gouvernance établit
une médiation entre les intérêts divergents pour en arriver à
un large consensus sur ce qui est dans le meilleur intérêt du
groupe et, là où c'est possible, sur les politiques et procédures[5]. » L'esprit du lobbying recouvre l'esprit du temps. La
tradition intellectuelle qui avait cherché, selon un mode autoritaire comme selon un mode libéral, à fonder théoriquement
la justification historique et morale des institutions publiques
sur la base de l'intérêt commun se trouve renversée par un
ordre qui considère le groupe d'intérêts privés comme un pôle

---

5. Laura Edgar, Claire Marshall et Michael Basset, « Partnerships : Putting
Good Governance Principles in Practice », *op. cit.*, p. 2 (nous traduisons).

apte à orchestrer les préoccupations communes. La seule logique des rapports de force prévaut tout à coup explicitement au titre de fondement politique.

PRIVATISER EN PRIVANT

O N FEINT de penser sous le vocable de la gouvernance des modalités par lesquelles un vivre-ensemble serait possible… précisément sur un mode qui contredit cette possibilité. La gouvernance désigne ce qu'il reste d'envie de partage dans le contexte de la privatisation économique. Le *collectif* à l'état de fantasme. Un mirage. Car la privatisation du bien public ne procède de rien d'autre que de la *privation*. En même temps que le libéralisme économique promeut brutalement cet art de la privation dans les milieux de ceux à qui cela profite, la gouvernance sert à en amortir le choc, pour les esprits seulement, car on n'excédera pas à ce chapitre le seul travail de rhétorique. *Privare,* en latin, signifie le fait de mettre à part — c'est le contraire du partage. Privatiser un bien consiste pour les uns à en priver les autres du moment qu'ils ne paient pas un droit de passage afin d'y accéder. Le *privatus* désigne par conséquent celui qui est privé de quelque chose — *privatus lumine,* l'aveugle privé de la vue dont parlait Ovide[1]. Même quand les coûts relatifs au bien sont amortis depuis longtemps, comme dans le cas d'un immeuble, des locataires n'en finissent plus de le financer à vide plutôt que de s'en tenir aux coûts réels, ceux de son entretien. Quand il ne s'agit pas de surpayer au profit

---

1. Ovide, *Pontiques,* livre I, lettre 1.

d'exploitants des biens fabriqués et distribués par des subalternes scandaleusement sous-payés. Le profit des multinationales,
vu ainsi, procède d'une sorte d'impôt privé étranger à tout
intérêt public. Il s'agit, autrement dit, de logiques mafieuses
légalisées. C'est d'ailleurs du même *privare* latin que provient
l'expression «privilège». Il s'agit littéralement d'une loi (*lex*) privée (*privus*): le privilège correspond à l'acte de priver (exclure)
autrui d'un bien ou d'une faveur en vertu d'une règle générale
(loi)[2]. En d'autres termes, il est, en droit, une disposition juridique qui fonde un statut particulier — tel que celui de la
noblesse dans l'Ancien Régime. D'où les expressions chéries
par ceux qui en tirent un grand bénéfice: «respecter la loi»,
«agir dans le cadre strict de la loi», etc.

---

2. Félix Gaffiot, *Dictionnaire abrégé latin-français*, Paris, Hachette, 1934.

Avoir intérêt à défendre des intérêts

L A GOUVERNANCE soutient une conception très étroite du partenariat. La notion d'intérêt y prime, au sens de faire primer, tel jour, tel intérêt particulier — point. Là s'arrête la conscience de la vie en société. Pour être partie prenante des cercles de délibération et de discussion de la gouvernance, les « partenaires » des forums de type gouvernance ont à défendre des intérêts directs ou connexes en relation avec le projet que les plus puissants livrent à la délibération. Ils doivent de ce fait reconnaître que leurs intérêts sont en lien avec le projet, et donc y souscrire. C'est le sens vicié que les idéologues de la gouvernance donnent à la notion de partenariat. Les « joueurs » ont par-dessus tout intérêt à avoir des intérêts. Ils les défendront en relation avec « le projet », de façon souvent anecdotique, s'ils souhaitent éviter de disparaître complètement des cercles de délibération publique. Ils se voient de ce fait dans l'obligation d'admettre les règles d'un jeu dont ils sortent inexorablement perdants. L'intérêt premier n'est donc plus ce qu'on entend défendre dans le cercle de la bonne gouvernance, mais d'en faire partie. « Si la société civile est d'accord pour intervenir en matière de représentation, les avantages sont clairs : influence accrue sur les politiques et les programmes publics, meilleure reddition de comptes à leurs différents partenaires et gouvernance améliorée[1]. » Les partenaires sociaux, candidats à représenter la société civile, sont ainsi mis en concurrence entre eux pour se voir cooptés dans le cercle des élus représentant « la société civile ». C'est en vertu d'un tel opportunisme qu'il convient de décoder le sens d'une « gouvernance améliorée ». La concurrence est brutale tout comme les tournures employées pour la dire, considérant « la vaste quantité d'organismes de la société civile dans le décor[2] ». Pour déterminer quelle organisation sera *élue* dans le cadre de choix déchirants — « *These are tough questions to be asked*[3] » —, rien de mieux que les considérations floues et tautologiques que prisent les tenants de la gouvernance. Les organisations retenues dans ces cercles du pouvoir répondront au principe suivant: « Les organisations de la société civile doivent être capables de dire au nom de qui elles parlent et ne parlent pas, et comment les voix de leurs membres et/ou partenaires sont entendues et représentées. En d'autres mots, il faut qu'il y ait gouvernance efficace, comprenant légitimité et voix, *au sein* des organisations de la société civile elles-mêmes[4]. » Les prétendants à la représentation de la société civile dans les cercles de la bonne gouvernance doivent se légitimer en appliquant les règles de la doctrine dans leur propre cadre. L'autolégitimation mimétique en vue d'une adhésion à de grands groupes servira de seul critère d'admission. Loin de la démocratie directe et d'autres tentatives

---

1. Laura Edgar, Claire Marshall et Michael Basset, « Partnerships: Putting Good Governance Principles in Practice », *op. cit.*, p. 5 (nous traduisons).

2. *Ibid.*, p. 4.

3. *Ibid.*, p. 5.

4. *Ibid.*

radicales du vivre-ensemble, il faudra aux associations les outils du management et de l'entrepreneuriat institutionnel afin de « définir une approche gestionnaire propre au secteur associatif[5] », c'est-à-dire adapté au jargon en usage dans l'économie de marché. Des sociologues s'y sont consacrés en France, en insistant d'abord sur la productivité qu'assurent au pays les organisations civiques : elles génèrent 3,4 % du produit intérieur brut « et un volume de 1 050 000 emplois en équivalent temps plein pour la France », figurez-vous. Sans parler de leurs 15 millions de bénévoles « sur le plan social »[6]. Les sociologues de la gouvernance auront beau tourner le dos aux économistes orthodoxes et clamer haut et fort leur croyance en « une pluralité dans les sciences sociales », leurs vaillants « choix épistémologiques », visant à les légitimer à leur tour, ne sauront puiser dans d'autres considérations qu'économétriques et managériales, parce que c'est le seul sous-texte que connaît tout discours se réclamant de la gouvernance. Ainsi présente-t-on les « normes » comme des « constructions sociales » qu'on étudie en veillant « au respect de la pluralité des logiques de la vie sociale et économique[7] ». Il s'ensuit, sur ces « agents » dont on prétend défendre les « marges de manœuvre », des assertions du type : « En association, [...] le sentiment d'appartenance est souvent lié à une valeur d'exemplarité et à une contribution à

---

5. Jean-Louis Laville, « La gouvernance au-delà du déterminisme économique », dans Christian Hoarau et Jean-Louis Laville (dir.), *La gouvernance des associations. Économie, sociologie, gestion*, Toulouse, Érès, 2008, p. 9-10.

6. *Ibid.*

7. *Ibid.*, p. 14.

l'innovation socio-économique[8] ». Le registre sémantique de
l'efficience, de l'innovation, du développement et de la rigueur
continue donc de s'imposer dans le texte tel un fait de nature,
alors que s'y opposent férocement bien des « agents » des associations « culturelles, écologiques, politiques[9] » qu'il s'agit pourtant pour ces savants d'étudier. Marthe Nyssens, économiste
de référence en matière de gouvernance, dira des analyses économiques qu'elles se penchent sur la présence des associations
dans la vie publique en fonction de leur rôle « dans un contexte
du "tout au marché" ». Son parti pris méthodologique est clair :
« Les analyses économiques [...] s'intéressent ainsi à des réalités qui ne peuvent être réduites à de simples pratiques mar-
chandes, tout en se basant sur des cadres d'analyse élaborés,
initialement, pour appréhender ces dernières[10]. » La prémisse
implicite de cette approche économétrique consiste à présenter les associations civiques comme étant complémentaires et
donc assimilables à l'économie de marché. Il n'y va plus d'une
pensée critique et de l'approche alternative d'associations qui
pensent à leur manière le rapport au monde, mais « d'innovations sociales » dont les associations restent « prestataires[11] ».
Ces innovations se traduiraient par des tractations autour de
collaborations qu'offriraient les organisations civiques sur l'in-
contournable mode de l'offre et de la demande. Les associa-

---

8. *Ibid.*, p. 15.

9. *Ibid.*, p. 21.

10. Marthe Nyssens, « Les analyses économiques des associations », dans
Christian Hoarau et Jean-Louis Laville (dir.), *La gouvernance des associations,*
op. cit., p. 29.

11. *Ibid.*, p. 42.

tions ne s'ajouteraient plus à l'État parce qu'elles en critiquent le dévoiement ou la récupération par les puissances capitalistes, elles n'agiraient plus en marge des multinationales parce qu'elles désavouent radicalement leur mode d'exploitation des gens et des ressources, mais elles se présenteraient au contraire auprès d'eux comme des « partenaires » leur achetant et leur vendant des atouts particuliers. Dans une approche en effet schématique, Nyssens présente un « triangle institutionnel » qui assimile complètement les organisations indépendantes à des commerçants dispensant des informations et des points de vue extérieurs aux États et aux entreprises. En retour, les problèmes « d'incitants à l'efficacité » et de « paternalisme philanthropique »[12] qui sont propres aux organisations seraient compensés dans les deux autres grandes sphères sociales. Évidemment, les nombreuses associations qui existent aux fins de critiquer de telles conceptions restent les impensées de ce modèle, à la portée somme toute fort restreinte. Par exemple, selon une telle approche, l'Association pour la taxation des transactions financières pour l'aide aux citoyens (Attac), une organisation indépendante farouchement opposée aux modes de pensée managériaux et qui lutte précisément contre les politiques néolibérales, passerait pour une instance qui fournit de la pensée critique aux acteurs des deux autres sphères — trop engoncés dans leur idéologie pour en générer seuls —, tandis que ces derniers produiraient en retour les données statistiques fondamentales dont Attac a besoin. Une telle

---

12. *Ibid.*, p. 43. Une reproduction du tableau est visible en ligne : www.sciencedirect.com/science/article/pii/S003802960001102X

réduction à un agencement «commercial» suffirait à rendre compatibles des mouvements qu'on sait opposés dans leur essence. Le dire reste toutefois un tabou dans l'ordre de la gouvernance, car cela reviendrait à reconnaître l'existence, sinon la pertinence d'une pensée politique au sens où elle est nécessairement conflictuelle.

Prétendre à l'horizontalité, fonder d'impitoyables hiérarchies

L A THÉORIE de la gouvernance sur les organisations recouvre à la fois le principe de collaboration horizontale et celui d'obéissance à l'autorité. Comment faire se recouper deux choses aussi opposées l'une à l'autre ? Il se bouscule auprès des bâilleurs de fonds encourageant l'usage du vocable de la gouvernance autant d'intellectuels affairistes que de graphistes compétents. Une esthétique tout à fait plastique survient alors pour accommoder cette notion protéiforme. D'une part, moult images installent la gouvernance sur des principes autoritaires, campent des positions hiérarchiques et mettent en valeur une iconographie du chef, de l'autorité aveugle ou de la structure pyramidale[1]. Ces formes marquant l'ordre et l'efficacité tablent sur la conscience que tout acteur d'une organisation doit avoir de sa fonction et de ses prérogatives. Mais on flanque d'autre part ces images de représentations qui, elles, témoignent tout à fait du contraire. Les membres d'organisations forment cette fois le

---

1. Entre mille, des exemples de ces organigrammes ou modèles d'organisation : http://360vendormanagement.com/2009/12/08/offshore-outsourcing-vendor-governance-organizations; www.search.org/products/governance/governance; http://withfriendship.com/user/boss/corporate-governance.php

cercle d'un caucus uni[2] ou encore le système de rotation d'un organigramme dans lequel tous les services évoluent les uns en fonction des autres[3], et ce, dans une motion qui ne tardera pas à se transformer en une nébuleuse dans d'autres contextes[4]. Dans ces mises en scène joviales, le fantasme de représentations circulaires s'oppose à la rectitude verticale des premières occurrences. La mort de l'art que l'esthétique de la gouvernance manifeste force ensuite la synthèse. Dans cette iconographie transcendante, le système domine. On voit alors défiler d'un document à l'autre des organigrammes stylisés passant d'un ordre structuré par des flèches de domination à une valse circulaire de services puis à des rouages faisant de l'organisation la matrice modélisée de tout un ordre social[5]. La question qui subsiste, après tant d'illustrations parfaites, consiste à se demander qui de ceux représentés sur le tableau en sont les auteurs. Et à savoir si le dessein que traduisent ces dessins a bien été développé en fonction de l'avis de tous les membres, comme le préconise en surface une certaine théorie de la gouvernance. Il appert toutefois que les entités qui se réclament de la gouvernance ne définissent pas leur organigramme avec les « parties

---

2. http://genomicsinsociety.blogspot.ca/2012/04/new-models-of-governance-session-6a.html

3. http://i-data-recovery.com/wp-content/uploads/2010/07/IT_Governance_Framework.gif

4. http://rdac.fr/portail/la-cyberloire/comite-danimation

5. www.yukon-nevadagold.com/s/Governance.asp; www.artismc.com/corporate; http://waynehellmuth.wordpress.com/2011/09/25/creating-the-governance-framework-for-the-use-of-social-media-tools-in-your-school; www.infoq.com/articles/soa-governance-basics

prenantes» concernées par son évolution, mais le présentent comme un modèle de participation formelle conçu par des théoriciens souvent anonymes. La définition de la hiérarchie et des rapports institutionnels procède donc de la contemplation : s'abstraire d'un processus et apprécier sa forme idéale de fonctionnement. Au passage, le modèle s'ingénie à exclure de sa réflexion tout ce qui pourrait le contredire. Comment alors un tel modèle se traduit-il dans la réalité ? Mal. « Je me souviens de ce patron d'une grande entreprise de restauration collective qui m'a un jour expliqué qu'un grand cabinet de la place lui avait dessiné une organisation parfaite, mais qu'il ne savait pas comment la faire fonctionner[6]. » Dans *Lost in management,* le sociologue François Dupuy s'inquiète de l'éclatement de l'entreprise en de multiples cellules contrôlées à distance selon des procédés étranglant tout sujet fait de chair et d'esprit.

Il y a dans l'entreprise un mythe de la clarté semblable à celui de la transparence qui traverse tous les pans de nos sociétés. On sait que derrière cette recherche frénétique de clarté (du moins sur ce que font les autres) se cache la nécessité pour tous les acteurs de réduire l'incertitude qui les entoure. Ce besoin explique d'ailleurs que, quelle que soit l'incertitude du monde, on demande toujours à un dirigeant d'avoir une «stratégie claire», non pas parce qu'elle est juste, mais parce qu'elle sécurise tous ceux que l'imprévisibilité de l'avenir angoisse. [...] D'où la multiplication frénétique de ces processus dont la production nourrit par ailleurs nos fameuses bureaucraties intermédiaires. Ce qui est le plus surprenant pour

---

6. François Dupuy, *Lost in management. La vie quotidienne des entreprises au XXIe siècle,* Paris, Seuil, 2012, p. 144-145.

l'observateur, c'est l'application obstinée avec laquelle chacun fait semblant d'y croire[7].

Bien sûr, cette aliénation n'empêche pas les dérapages. «L'appréciation du rendement» ainsi que l'impérative «reddition de comptes» peut au contraire motiver l'apparition, dans des cellules isolées, de patrons fous, soucieux de réaliser d'invraisemblables objectifs ou de les dépasser. Ces «patrons mangeurs de chair» sont justement dénoncés dans un ouvrage de Rollande Montsion, longtemps haute fonctionnaire au gouvernement du Québec. L'évaluation personnalisée — si déterminante dans la vie d'un employé qu'à sa faveur «c'est toute la personne que l'on juge[8]» — fait des ravages dans les institutions où règne le favoritisme. Les détournements de sens sont de toute façon légion.

> Qu'on l'appelle imputabilité, responsabilité ou reddition de compte, les organisations infestées en ont fait une épée de Damoclès. Avec la reddition de comptes tombe le couperet des mises à pied et des réductions budgétaires. Les mangeurs de chair brandissent ce concept comme l'ancien directeur d'école brandissait le martinet. Plus que tout, il faut désigner un responsable, mot synonyme de coupable. Si bien qu'on a instauré la peur d'être responsable là où devrait trôner la fierté d'être responsable[9].

La thèse de Montsion soutient «qu'aucune forme de structure ne favorise la performance plus qu'une autre[10]» tandis que les

---

7. *Ibid.*

8. Rollande Montsion, *Les patrons mangeurs de chair. Les reconnaître, les fuir, les écarter,* Montréal, Isabelle Quentin, 2011, p. 40.

9. *Ibid.*, p. 42.

10. *Ibid.*, p. 50.

modalités et processus de contrôle, malléables à souhait, favo-
risent les « patrons mangeurs de chair[11] ». Les conséquences de
telles piperies érigées en modèle peuvent être tragiques. Lorsqu'à l'Inspection du travail de la République française est
venu le moment de s'expliquer pourquoi, emblématiquement,
35 employés de France Télécom s'étaient suicidés en 2008 et
2009, on a dû constater un fait de harcèlement moral à si
grande échelle qu'il en a illustré à lui seul ce que Vincent de
Gaulejac nomme le « harcèlement social », dans un livre intitulé *La société malade de la gestion*[12]. Le mode de gestion de
France Télécom a changé du tout au tout lorsqu'elle est passée
du statut de société d'État à celui d'entreprise privée versée
dans les technologies de pointe. Non seulement l'entreprise,
ces années-là, a supprimé 22 000 emplois, mais elle a « fait
changer de métier à 10 000 personnes[13] ». Selon l'imposture de
la gouvernance voulant que nous tous soyons des partenaires,
la responsabilité du reclassement des employés est échue aux
employés eux-mêmes ! Selon la Confédération générale du
travail (CGT), citée dans le rapport, « le salarié supporte l'essentiel de l'effort consenti en matière de reclassement et d'adaptation à la situation de l'emploi puisqu'il est coresponsable

---

11. *Ibid.*, p. 44.

12. Vincent de Gaulejac, *La société malade de la gestion. Idéologie gestion-naire, pouvoir managérial et harcèlement social,* Paris, Seuil, coll. « Point »,
2009.

13. Inspection du travail / ministère du Travail, des Relations sociales, de
la Famille, de la Solidarité et de la Ville, rapport soumis au procureur de la
République, 4 février 2010, http://asset.rue89.com/files/rapport_france_
telecom_0.pdf, p. 6.

de son reclassement[14] ». La Direction du travail ajoute elle-
même que « ces obligations de mobilité ont eu un effet majeur
sur la santé de France Télécom[15] ». Le faux statut de partenaire
reconnu à l'employé le rend directement responsable de la
transformation vocationnelle de l'entreprise. L'intéressé ne
s'est bien sûr en rien prononcé sur ce changement de régime.
Il doit seulement s'adapter. « Le salarié est invité à devenir le
premier acteur de son évolution professionnelle. L'entreprise
passe d'une logique de planification à long terme dans un
environnement stable à une logique d'adaptation permanente
dans un environnement instable[16]. » Il lui faut alors suivre
des formations accélérées dans domaines inconnus de lui, qui
sont de toute façon appelés à changer, afin de postuler des
emplois au sein du groupe. Les membres de la direction n'ont
rien de partenaires qui croient aux principes de bonne gouvernance ; ils misent explicitement dans leur documentation
sur le sentiment de « frustration » d'un personnel « traumatisé
par le changement » pour tirer le meilleur de lui[17]. Les sophismes du management sont lourds à porter. Plus les sociétés se
singularisent en tant qu'entités, plus elles exigent de l'abné-
gation de la part de leur personnel[18]. Dans son essai *La société
du mépris de soi,* Jacques Chevallier conclut à un système qui
avale ses sujets au point de les assimiler ontologiquement à

14. *Ibid.,* p. 7.

15. *Ibid.,* p. 7.

16. *Ibid.,* p. 8.

17. *Ibid.,* p. 8.

18. Marie-France Hirigoyen, *Le harcèlement moral dans la vie professionnelle.
Démêler le vrai du faux,* Paris, La Découverte et Syros, 2001, p. 240.

leur fonction dans l'organisation. Pourquoi, se demande-t-il, ces « aliénés » se sont-ils suicidés plutôt que d'attenter à la vie de quelqu'un qu'ils auraient jugé responsable ? Ils en perdent, soupire-t-il, jusqu'au sens élémentaire de la révolte dans des situations de flagrante injustice. « Des aliénés subissant les conséquences d'une religion de l'efficacité (ce qu'ont été tous les fascismes, rappelons-le) à laquelle ils se sont ralliés avant d'en être jugés indignes par les autres croyants. Et qui se tuent sans qu'il n'y ait vraiment de responsables, sinon tous les tenants d'un système dans lequel l'exécuteur d'aujourd'hui peut être la victime de demain[19]. » Lors du premier semestre 2012, quatre autres employés de France Télécom se sont enlevé la vie[20].

---

19. Jacques Chevallier, *La société du mépris de soi. De l'*Urinoir *de Duchamp aux suicidés de France Télécom,* Paris, Gallimard, 2010, p. 97.

20. Valérie Hacot, « Deux nouveaux suicides chez France Télécom », *Le Parisien,* 15 juin 2012.

Élire les leaders

L A GOUVERNANCE fournit les critères de sélection pour déterminer qui, à l'échelle sociale, a du pouvoir. Pour trancher, l'Institut sur la gouvernance laisse d'abord planer l'idée que « les sociétés » au sens civique sont les égales de toute « organisation »[1]. À partir de là, en société comme dans toute entreprise, on peut décider de la distribution des rôles. Alors, pour diriger, les vertus requises échappent à toutes dispositions constitutionnelles et relèvent d'une anthropologie du leadership : susciter la légitimité politique, avoir le sens de la direction dans le nez, se montrer performant, faire preuve de « transparence[2] ». L'utilisation récurrente par cette théorie des caractères italiques trahit son travers intuitif :

> La bonne gouvernance existe là où ceux qui occupent des positions de pouvoir sont perçus comme ayant acquis leur pouvoir *légitimement,* et où une *voix* appropriée est accordée à ceux dont les intérêts sont affectés par les décisions. De plus, l'exercice du pouvoir entraîne un sens général de la *direction* qui sert de guide à l'action. La performance est un quatrième critère : la gouvernance devrait entraîner une *performance* qui est réceptive aux intérêts

---

1. Laura Edgar, Claire Marshall et Michael Basset, « Partnerships : Putting Good Governance Principles in Practice », *op. cit.*, 2006, p. 1.

2. *Ibid.*, p. 1-2. Les auteurs se réfèrent, en les modifiant, aux termes promus par le Programme des Nations Unies pour le développement (PNUD).

des citoyens ou des partenaires (*stakeholders*). De plus, une bonne gouvernance exige une *reddition de comptes* entre ceux qui occupent des positions de pouvoir et ceux dont ils doivent servir les intérêts[3].

Mais encore, comment appréhender rigoureusement ces facultés intuitives? Qu'est-ce qu'être *légitimement* en poste? C'est très vaguement «être perçu» comme ayant de la légitimité[4]. Aussi bien dire que des campagnes de marketing bien rodées et soutenues à grand renfort de budgets somptuaires, accompagnées de quelques poursuites en diffamation auprès des récalcitrants chez qui on doit faire entrer la vérité légitime de force, suffiront à garantir l'adhésion du sujet «la société» à ceux qui commandent. Qu'est-ce, sinon, que ce *sens inné de la direction* à tel point valorisé? Il emprunte ses fondements aux poncifs idéologiques de la presse financière et des théories managériales. On connaît la chanson. La «performance», la «rationalité technique» et la «transparence» font du dirigeant celui qui sait «contrôler [...] donc donner l'exemple, inspirer, motiver et donner de la sécurité aux employés», et il s'impose alors parce qu'il sait ainsi «contrôler» bis, c'est-à-dire cette fois «former les attitudes, les émotions, [...] les croyances», sinon «gagner les cœurs et les esprits»[5]. Ces lieux communs sont légion: les grimoires de la gouvernance confondent allègrement les trois formes de légitimité que Max

---

3. *Ibid.*, p. 1-2 (nous traduisons, les auteurs soulignent).

4. *Ibid.*, p. 2.

5. Joseph Haeringer et Samuel Sponem, «Régulation dirigeante et gouvernance associative», dans Christian Hoarau et Jean-Louis Laville (dir.), *La gouvernance des associations, op. cit.*, p. 237.

Weber définit dans *Économie et société*[6], soit la légitimité charismatique, fondée sur les vertus du meneur, la légitimité traditionnelle, fondée sur des us et coutumes, et la légitimité légale, fondée sur l'ordre de la loi. Dans le réel simplifié de la gouvernance, les *élus* — dans un sens soudainement plus charismatique que démocratique — s'adonnent de fait à un mode de gestion rigoureux tenant compte des intérêts de tous selon tous critères. C'est un traité d'alchimie sur les dirigeants faisant preuve de leadership (parce qu') au sommet des organisations. Ils éprouvent par exemple « un sens de ce qui est requis » (*a sense of what is needed*) au titre du « développement humain »[7]... Jusqu'à ce que les masques tombent. Ce développement humain pourra bien être associé un temps à des « complexités sociales, culturelles et historiques », il se verra rapidement soumis, grâce à des associations d'idées offertes en cascades, au principe de performance revendiqué par les institutions du marché. L'impératif d'une *performance* — rehaussée par les italiques — consiste à « générer des résultats qui conviennent aux besoins tout en faisant la meilleure utilisation des ressources » (*produce results that meet needs while making the best use of resources*). À ce stade, tout n'est pas aussi flou qu'en apparence puisque les principes conjoints de « *transparence* et *ouverture* », en italique toujours, visent moins à informer de ses décisions et de ses activités un « public » indéfini que les « ayants droit institutionnels » (*institutional stakeholders*) explicitement désignés.

---

6. Max Weber, *Économie et société*, Paris, Plon, 1971 [1921].

7. Laura Edgar, Claire Marshall et Michael Basset, « Partnerships : Putting Good Governance Principles in Practice », *op. cit.*, p. 2. Les citations qui suivent, jusqu'à la fin du paragraphe, sont de la même page.

Le modèle promu par les pionniers de la gouvernance globale suscitera l'émulation, la société civile étant conçue comme une démultiplication de leaders à la petite semaine, se mirant dans le regard économique du marché[8]. Partant, la gouvernance fera des anciens cadres d'entreprise des managers, qui verront poussé à son comble leur processus institutionnel d'aliénation. Comme au Moyen Âge[9], ce ne seront plus seulement leurs prestations mais leur personne même, dans son intégrité et son intégralité, qu'ils devront rendre conforme aux intérêts de l'entreprise. « Les managers sont censés s'imposer par leurs "compétences" et leur "charisme", circonscrire les acteurs grâce à l'efficacité de leur "réseau de relations personnelles" qui leur procure information et aide, mobiliser les énergies par la puissance de leur "vision" et leurs qualités d'"accoucheurs" du "talent" des autres et de développeurs de potentiels. C'est de leurs qualités personnelles qu'ils tirent l'autorité qui fait d'eux des leaders[10]. » Les sociologues Luc Boltanski et Ève Chiapello verront en ce « néomanagement » en vigueur partout la parodie en acte des mouvements d'émancipation antérieurs et de leurs chants pour l'autonomie, la créativité et l'entregent fécond. Ils se développeront dans la cité, isolés de leur contexte historique et privés de leur sens, tel un cancer.

---

8. Commission on Global Governance, *Our Global Neighborhood, op. cit.*, p. 38.

9. Georg Simmel, « L'argent dans la culture moderne », dans *L'argent dans la culture moderne et autres essais sur l'économie de la vie,* Québec et Paris, Presses de l'Université Laval et Éditions de la Maison des sciences de l'homme, 2006.

10. Luc Boltanski et Ève Chiapello, *Le nouvel esprit du capitalisme,* Paris, Gallimard, coll. « Tel », 2011 [1999].

Prémisse 14

Privatiser les projets de société

L A VIE « PUBLIQUE » se compose strictement de « partenariats », lesquels ne traitent que de projets… privés. La
« bonne gouvernance » perçoit exclusivement à l'intérieur de
telles œillères des acteurs civiques ou politiques menant des
projets conformes aux visées du développement économique
et du commerce financiarisé. La « société civile » qui ne mettrait
pas en valeur ses intérêts sur une base commerciale, par exemple, serait dès lors évacuée du champ social. Ses doléances sur
ce qui la lèse, ses requêtes législatives pour un monde meilleur
ou ses revendications sur ce qui la fait espérer se voient servir
une fin de non-recevoir par une théorie qui n'y comprend pas
grand-chose. « Mais si une ONG rencontre des représentants du
gouvernement pour faire pression en faveur d'un changement,
s'agit-il d'un "partenariat" ? Une séance de consultation dirigée
par le gouvernement est elle un "partenariat" ? À notre avis, il
ne s'agit pas de partenariats[1]. » Non, les partenariats ne se trouvent, et ne sauraient se conclure, que dans les chantiers d'exploitation privés que peuvent seuls initier des maîtres d'œuvre
industriels ou financiers. La glose de la gouvernance a pour
vertu idéologique de hisser ces projets au rang d'« objectifs

---

1. Laura Edgar, Claire Marshall et Michael Basset, « Partnerships : Putting
Good Governance Principles in Practice », *op. cit.*, p. 4 (nous traduisons).

communs» et d'amener les acteurs marginaux de la société
civile à y reconnaître leurs propres intérêts, sur un mode
mineur. Ce qu'on doit feindre d'entendre clairement dans :
« Les partenariats, de par leur nature même, représentent l'engagement soutenu d'avancer ensemble vers un objectif commun[2]. » La novlangue de la bonne gouvernance — qui
comprend les dénominations «création d'emplois», «développement durable», «responsabilité sociale des entreprises»,
«multiculturalisme» ainsi que «sécurité humaine» — donnera son vocabulaire au discours des intérêts secondaires.
L'issue de discussions advenant entre tenants d'intérêts divers
dépend moins de ce qui s'y dit que des termes tendancieux
orientant les motifs de la discussion. Le principe fondamental
de la gouvernance prive paradoxalement la vie en société de
tout principe fondamental.

---

2. *Ibid.*, p. 4.

Arborer la devise « Liberté, Fraternité, Inégalité »

I l s'entend que les partenaires de la bonne gouvernance sont formellement inégaux. C'est une entorse fondamentale faite à la théorie de la souveraineté politique, une contradiction diamétrale avec les principes démocratiques les plus élémentaires. Le sophisme : puisque les « partenaires » consentent tous à la pertinence du « projet » auxquels ils participent, puisqu'ils ont « intérêt » d'une manière ou d'une autre à ce qu'il se réalise (qu'ils soient environnementalistes, maires de village, parlementaires, investisseurs ou fournisseurs de matières premières), ils admettront que les acteurs à même de mener à terme le projet tiennent le haut du pavé. Une société minière s'il s'agit de coloniser toute une contrée, une forestière s'il s'agit de couper à blanc une forêt. Dans l'intégration économique que défendent les pionniers de la gouvernance, « la fin des années 1970 a attribué aux sociétés transnationales un nouveau rôle en tant que mobilisateurs de capitaux, générateurs de technologie, et acteurs internationaux légitimes ayant un rôle à jouer dans un système émergent de gouvernance mondiale[1] ». Telle est leur fonction parmi les membres cooptés d'un forum délibérant. Il s'ensuit

---

1. Commission on Global Governance, *Our Global Neighborhood*, *op. cit.*, p. 26 (nous traduisons).

un aspect inégalitaire qui fonde explicitement la théorie de la gouvernance, ce que les concepteurs de trousses d'information sur la gouvernance colportent sans détour :

> Le terme « partenariat » n'implique pas une distribution égale du pouvoir, de ressources, de compétences et de responsabilités. En fait, les partenariats peuvent englober une large gamme d'arrangements, depuis les associations ou réseaux informels jusqu'aux ententes légales formelles. Les partenariats sont affaire de pouvoir, à la fois individuel et collectif, et si le pouvoir est toujours présent, il est rarement égal. Un partenariat réussi accorde de la valeur aux différents types de pouvoir apportés par chaque individu ou organisation et les reconnaît explicitement[2].

Le caractère allègre et la rédaction cristalline de cette prémisse coupent le souffle : puisque la gouvernance ne consiste plus en une politique publique et pas même en un mythique contrat social, mais expressément et sciemment en la planification de processus de médiation entre des acteurs inégaux, les résultats ne risquent rien d'autre que de concourir à l'élaboration de décisions, plans, protocoles, règlements, « politiques et processus » qui accentuent ces inégalités. Les organisations représentant les petites gens, soit la « société civile » dans le jargon de la gouvernance, se verront confier seulement les menus problèmes et les enjeux de peu d'intérêt : « [L]es organisations de la société civile sont reconnues de plus en plus souvent comme l'acteur le plus approprié lorsqu'il s'agit de s'occuper de problèmes de politiques et de programmes publics qui peuvent être

---

2. Laura Edgar, Claire Marshall et Michael Basset, « Partnerships : Putting Good Governance Principles in Practice », *op. cit.*, p. 4 (nous traduisons).

hors d'atteinte facile de la bureaucratie d'État et ne susciter que relativement peu d'intérêt de la part du secteur privé[3]. » On couvrira cette perte absolue d'emprise sur la chose commune par une expression à la mode — la « démocratie participative » — pour n'admettre le principe démocratique que s'il porte sur des marges budgétaires et juridictionnelles insignifiantes. Cette fragmentation inégale des champs d'action sera, du point de vue des scribes de la gouvernance, une façon de faire reposer les faits mêmes des inégalités structurelles sur un sens des « responsabilités » des acteurs : « Une gouvernance décentralisée donne du pouvoir aux instances locales qui doivent accepter davantage de risques et de responsabilités, à proportion qu'on cesse de les materner, et rendre des comptes de la façon dont elles ont réussi (ou non) à contrer les aléas d'un environnement turbulent. Décentralisation veut dire fin de l'homogénéisation, mais aussi possibilités d'inégalités plus grandes, moins de normalisation mais davantage de disparités », écrira, paternaliste, un professeur canadien en gouvernance[4].

---

3. *Ibid.*, p. 1.
4. Gilles Paquet, *Gouvernance collaborative. Un antimanuel, op. cit.*, p. 42.

JUSTIFIER PAR L'ÉTHIQUE COMMUNICATIONNELLE
UNE CHARGE MORALE INDIVIDUELLE

L ES THÉORICIENS de la gouvernance ont le luxe de se fonder sur une théorie universelle de la « communication » pour se justifier. Le philosophe Jürgen Habermas leur en fournit les termes. L'intéressé aura beau dénoncer le vocable[1], il sert fréquemment de caution à ses plus fervents promoteurs[2]. Pourquoi ? Parce que son « éthique de la communication » vise à fonder une norme de la politique plutôt qu'à présenter fondamentalement la politique comme le fait de discours à jamais désaccordés sur *la* norme. « Des conflits qui surgissent dans le cadre d'interactions gouvernées par des normes proviennent directement d'une perturbation dans l'entente mutuelle sur les normes[3] », propose Habermas au fil de lectures commentées. Le postulat voulant que le conflit social consiste en une recherche

---

1. Jürgen Habermas, entretien avec Nicolas Truong, « Le joli mot de "gouvernance" n'est qu'un euphémisme pour désigner une forme dure de domination politique », *Le Monde,* 17 novembre 2011.

2. Un exemple entre mille : Bernard Dubé et Joseph Facal, « L'importance de la communication dans la gouvernance d'un partenariat privé-public : le cas *BonjourQuébec.com* », *Cahiers de recherche,* Montréal, École des Hautes Études Commerciales, vol. 10, n° 6, octobre 2006.

3. Jürgen Habermas, « Éthique de la communication », dans *Morale et communications,* Paris, Éditions du Cerf, 1987, p. 88.

sur l'exigence de validité d'une norme fondant la justesse d'un discours, non contestée entre acteurs, se révèle une distraction politique tout à fait au goût des beaux esprits de la gouvernance. Voici que la prétention à l'universalité doit désormais passer le test de la communication entre tous, plutôt que celui de l'ancien jugement méthodique établi par un maître de la métaphysique. Donc, «ce qui est exigé, c'est une argumentation "réelle" à laquelle participent, en coopération, les personnes concernées. Seul un processus intersubjectif de compréhension peut conduire à une entente de nature réflexive[4]». Mais cette argumentation «réelle», dont parle Habermas entre guillemets en citant avec quelques réserves Ernst Tugendhat, est-elle seulement possible? À quelle réalité se réfère Tugendhat lorsqu'il invoque l'élaboration d'une règle de validation de l'argumentation à laquelle ont «une même chance» de participer «toutes les personnes concernées» par elle[5]? Et si les personnes concernées par les normes en vigueur n'étaient pas aussi fortes d'elles-mêmes que le laisse croire cette scène implicitement libérale[6]? Peut-on réfléchir à la chose sans se laisser emporter par une spirale régressive visant à fonder toujours plus en profondeur les modalités cognitives par lesquelles tous arriveraient effectivement à convenir «réellement» de garants argumentatifs valables pour tous[7]? Il s'agit peut-être là de démontrer par l'absurde l'absence de fondement ultime de tout garant argumentatif.

---

4. *Ibid.*, p. 88.
5. *Ibid.*, p. 90.
6. *Ibid.*, p. 89.
7. *Ibid.*, p. 95-96.

Habermas souligne en effet qu'aux yeux du « sceptique », fonder en raison la validité universelle d'un principe normatif du discours passe pour une « affirmation d'impossibilité »[8]. Il rappelle également que les normes sont observées moins en raison de leur caractère rationnel qu'en fonction des conséquences fâcheuses qu'on risque de subir à les ignorer, en évoquant alors la sociologie de Durkheim[9]. Quelle portée peut donc encore avoir une telle entreprise intellectuelle ? Puisque les conditions de délibération autour d'un tel constat ne se trouvent jamais réunies, n'est-ce pas une supercherie que d'en postuler l'existence afin de les faire passer pour admises ? En outre, quel jugement éthique devrions-nous porter sur la récupération d'une telle « éthique de la communication », par exemple dans les cercles de pensée de la gouvernance qui y sont passés maîtres ? Le texte de Habermas poursuit tout en nuances sur ce qui s'approche au plus près du fondement d'une discussion juste, dont les possibles seraient garantis en fonction d'inductions sur le principe de non-contradiction et sur la liberté d'affirmation. Mais au terme de la réflexion, force est de reconnaître un fatal point d'achoppement. Il faudra institutionnaliser des modes qui autorisent dans une « approximation satisfaisante » une discussion éthique, définie en propre « toujours idéalement », conclura Habermas[10]. Mais, encore une fois, satisfaisante pour qui et en vertu de quoi ? Dans quel espace réel ? Hélas, Habermas ne voit dans ces questions qu'un débat entre

---

8. *Ibid.*, p. 100.
9. *Ibid.*, p. 95.
10. *Ibid.*, p. 113.

les personnages philosophiques du « sceptique » et du « cogni-
tiviste » sans grande correspondance avec le réel. Pourtant, il
suffit d'avoir eu l'occasion de discuter une seule fois avec
des représentants formels disposant de pouvoirs colossaux
pour considérer l'effectivité des sophismes, la validité des faux-
fuyants ainsi que l'érection en dogmes d'ahurissants men-
songes. Cette éthique ne fait pas le poids face à la puissance des
idéologies. Celles-ci se laissent même aisément reprendre par
celle-là. Qu'importe. Le philosophe persiste à juger plus inté-
ressant que cette éthique de la communication rende « possible
de fonder en raison le principe moral » de la communication[11],
que de considérer en quoi une telle théorie alimente les bons
apôtres ne manquant pas d'abuser de cette « possibilité ». En
réalité, peu lui en chaut parce que l'éthique de la communication procède elle-même de logiques identiques à la théorie
de la gouvernance. C'est là le seul constat « ultime » qu'elle permet de tirer. Selon Habermas, finalement tout locuteur aura la
responsabilité de ce fondement « en raison » d'un principe de
validation communicationnel. Rien ne garantit ultimement les
modes de validation d'un propos[12], sinon les prétentions impli-
cites d'un locuteur à juger fondés ses dires au moment de les
formuler. « Le principe d'universalisation, faisant fonction de
règle argumentative, est à l'état d'implicite dans les présuppo-
sitions de l'argumentation en général[13]. » La pleine responsabilité
de la validité échoit ainsi à « quiconque accepte les présuppo-

---

11. *Ibid.*, p. 103-104.
12. *Ibid.*, p. 104.
13. *Ibid.*, p. 108.

sitions communicationnelles, universelles et nécessaires du discours argumentatif[14] ». La garantie normative, le locuteur en
conviendrait donc « à l'état d'implicite », plus qu'il ne peut la
reconnaître ou en débattre. Car prétendre à la rationalité, c'est
se montrer incapable de renoncer au postulat d'une raison uni-
versellement fondée, quoiqu'on puisse se montrer sceptique
devant toute entreprise visant à expliciter cet ultime fondement.
Donc, une telle approche, à la fois pragmatique et transcendan-
tale, enferme tout locuteur dans un devoir de responsabilité
qui fait fi des contraintes sociales forçant le langage. Dans les
cercles du pouvoir où l'on se gargarise de la gouvernance, cela
en vient donc à signifier que toute prise de parole assurée par
un « partenaire » dans l'un de ses cadres consiste en une reconnaissance *in situ* par le locuteur lui-même des normes qui prévalent dans l'acte locutoire. Et ce, bien qu'il s'y trouve à bien des
égards *ventriloqué* et qu'il n'en ait ni élaboré les termes ni réfléchi
les modes — à commencer par le statut de partenaire dont on
l'affuble. L'éthique communicationnelle fonde d'autant mieux
les postulats de la gouvernance que ceux-ci se trouvent déjà en
elle, implicitement admis dans ses termes. Habermas accorde
d'ailleurs un très grand intérêt à la pensée d'Albrecht Wellmer
sur les risques que court un sujet trop porté vers les libertés
discursives ; hors des structures instituées, il se vouerait nécessairement à l'autodestruction, voire à « la terreur[15] ». Des fines-
ses pragmatico-transcendantales de l'éthicien ne resteront que
les prétentions aptes à cautionner les constructions théoriques

---

14. *Ibid.*
15. *Ibid.*, p. 124-125.

les plus pernicieuses, de surcroît fondées à la source, dans l'implicite des processus locutoires de la gouvernance, par ceux qui se trouvent pratiquement contraints de s'y reconnaître. Ce sera là sa principale contribution. Mais cela, la philosophie de la communication a moins souhaité le réfléchir que se livrer aux récupérateurs qu'elle alimente.

Contraindre au consentement

À la résultante des délibérations qu'elle orchestre entre partenaires inégaux, la gouvernance réserve le nom de « consensus ». Quelle stupéfiante téléologie ! L'usage de ce terme, selon la casuistique de la gouvernance, est impératif pour quiconque cherche à faire partie des cercles qui la rendent « bonne ». L'impératif du consensus se révèle une aubaine pour tout pouvoir qui cherche à mettre un frein aux propensions politiques des gens. Il gomme toute forme de dissidence au sein du groupe en contraignant les acteurs à utiliser un jargon unique et à convenir du même objectif. C'est le contraire de la politique. Le philosophe Jacques Rancière écrit à cet égard :

> Ce que consentir veut dire en effet, ce n'est pas l'accord des gens entre eux, mais l'accord du sens avec le sens : l'accord entre un mode sensible de présentation des choses et un mode d'interprétation de leur sens. Le consensus qui nous gouverne est une machine de pouvoir pour autant qu'il est une machine de vision. Il prétend constater seulement ce que tous peuvent voir en ajustant deux propositions sur l'état du monde[1].

Dans la gestion « gouvernantiste » du bien commun, on consentira à faire coïncider le fait que des partenaires inégaux doivent

---

1. Jacques Rancière, *Chronique des temps consensuels,* Paris, Seuil, coll. « Librairie du xxie siècle », p. 8.

fédérer leurs intérêts en fonction des projets d'exploitation des plus puissants avec la prétention que cette lecture des choses relève d'un renouvellement de la démocratie. De ce *consensus* comme intransigeante demande faite aux membres cooptés de la gouvernance de *consentir* à une vision des choses ainsi qu'à sa seule interprétation dépend la rhétorique subséquente de l'efficacité.

PRIVATISER LES PRÉROGATIVES
GOUVERNEMENTALES

L E GOUVERNEMENT, restreint lui-même au simple rôle de partenaire dans l'ordre de la gouvernance, n'encadre plus l'activité publique, mais y participe à la manière d'un pair. Il se voit donc lié au « consensus » qui se dégage des groupes de discussion donnant la part belle au plus fort — lire les multinationales, les investisseurs privés et les défenseurs d'intérêts particuliers qui sont le plus à même d'entreprendre des projets menés selon l'orthodoxie de la gouvernance. Le gouvernement en vient à mêler « ses » intérêts — paradoxalement perçus comme privés — à ceux, concertés, du « groupe », soit les intérêts du plus fort. Comme on s'attend à ce qu'il adhère au projet placé au centre des discussions et qu'il intègre ses intérêts à ceux du groupe, il devra lui aussi jouer son va-tout pour en favoriser la réalisation. Le gouvernement conserve *à ce titre seulement* toutes ses prérogatives d'institution publique: c'est dans la mesure où il fait usage de ces prérogatives dans le cadre de ce projet rigoureusement privé (auquel il croit comme partenaire) que la doctrine de la gouvernance reconnaîtra soudainement ses attributs d'autorité publique. Le groupe se prévaudra ainsi des prérogatives constitutionnelles de l'État aux fins de son projet privé et pourra par son entremise réaménager le territoire, amender la législation, déréglementer les secteurs visés, privatiser des actifs ciblés, défiscaliser les dividendes, sans parler du financement public qu'il ne manquera pas d'obtenir au nom du développement pour construire ici un port méthanier et là un système routier requis par l'industrie. « Dans un arrangement de partenariat, le gouvernement peut contribuer par le financement public ; l'infrastructure ; la volonté et le soutien politiques ; le pouvoir de créer et de faire respecter des lois, des règlements, des politiques et des procédures ; et le pouvoir et l'autorité formelle (que lui confère l'électorat) d'exprimer une vision et des valeurs nationales[1]. » Cela, l'État le fera avec ferveur. Restreint au seul rôle de « partenaire » auprès d'« acteurs » de la « société civile », prêtant main-forte à un projet avec lequel il a confondu ses propres « intérêts » et auquel il est censé tenir, reprenant les termes d'un « consensus » élaboré par le plus fort, l'État se trouve ni plus ni moins que privatisé. Dans le processus qui le subordonne, il n'abdique pas ses pouvoirs, mais les met au service de ce qui ne regarde plus du tout le bien public ni la conscience sociale. Ce n'est pas seulement du financement qu'il apporte et une modification des règles publiques en fonction du projet privé qu'il sert, mais la légitimité même qu'il peut conférer comme acteur représentant soudainement l'ensemble de la population à des projets qui sont exclusivement ceux du groupe et des instances privées qui les initient.

---

1. Laura Edgar, Claire Marshall et Michael Basset, « Partnerships : Putting Good Governance Principles in Practice », *op. cit.*, p. 4 (nous traduisons).

Toujours réserver le mauvais rôle
à l'instance publique (l'État)

Q UAND LA GOUVERNANCE déraille à la face du monde, quand les méfaits des institutions financières concourent à la faillite des peuples, quand des banques mille fois milliardaires se dédommagent des inconséquences de leurs apprentis sorciers en aspirant les finances publiques, quand des escrocs quittent leur conseil d'administration les poches pleines, quand « les entreprises sur l'échiquier mondial ont joué leurs cartes à leur seul avantage », pour le dire dans les termes pudiques des experts en gouvernance Bachir Mazouz, Marcel Tardif et Michèle Charbonneau[1], l'État et les instances publiques restent encore désignés comme les principaux coupables. Puisque la liberté est l'apanage du secteur privé, et qu'il ressortit à sa fonction d'en abuser, on tranche sans plus de débat que « les instances publiques manquent à leur devoir fiduciaire premier[2] » lorsqu'elles se voient débordées par lui. Une crise économique survient-elle qu'on cherche où diantre étaient « les

---

1. Bachir Mazouz, Marcel Tardif et Michèle Charbonneau, « Les enjeux éthiques de la gouvernance et la gestion de la performance. Pour une éthique de la responsabilité sociale partagée », dans Yves Boisvert (dir.), *Éthique et gouvernance publique. Principes, enjeux et défis,* Montréal, Liber, 2011, p. 266.

2. *Ibid.,* p. 279.

organisations publiques», elles qui «se devaient de prévoir et d'éviter l'engrenage de collusions et d'inconduites[3]». La gouvernance excelle ainsi dans un nouvel art, celui d'un *second guessing* toujours gagnant même lorsqu'il contredit ses propres postulats. Toujours dans les termes de la gouvernance, l'État n'aurait pas dû cette fois considérer les intérêts d'actionnaires (*shareholders*) représentés par de tapageurs lobbies, mais ceux de la société civile, soudainement assimilés à ceux des parties prenantes (*stakeholders*) des entreprises, soit les clients, les employés, les fournisseurs... La «société civile» sortira rassurée de cette lecture: elle pourra toujours compter sur des scientifiques pénétrants pour l'éclairer. «En effet, le discours que tiennent les entreprises, quant aux conditions à réunir pour assurer leur performance supérieure, a tendance à se centrer sur l'intérêt particulier plutôt que sur le bien commun[4].» Tant de lucides constats ne mèneront toutefois les techniciens de la gouvernance qu'à un léger travail de dosage des termes inhérents à leur science. Hormis les lapalissades, rien au titre des propositions ne vient réellement mettre l'État en selle comme instance autorisée par le peuple à faire prévaloir les principes du bien commun. Malgré les critiques des penseurs Bachir Mazouz, Marcel Tardif et Michèle Charbonneau, l'instance publique reste un partenaire, et c'est à ce titre d'égal qu'on lui demande, dans un évident contresens, de s'imposer auprès des puissances de l'argent qui financent les campagnes politiques de ses représentants et proclament un droit de vie ou de mort

---

3. *Ibid.*, p. 261 et 281.
4. *Ibid.*, p. 275.

sur sa santé économique. Et le (ou la) mode de la coopération
« éthique » volontaire entre partenaires prédomine encore. Cette
cécité sociologique entraîne une litanie de vœux pieux : l'État
« devrait » instaurer une « juste réglementation » en ce que « la
gouvernance publique saine doit se fonder sur une éthique
de la responsabilité partagée » en accord avec « des acteurs »
issus du domaine financier faisant preuve « de responsabilité
morale »[5]. Ce genre de glose devrait suffire à garantir la gestion
du « bien commun », qu'on reproche à l'État d'avoir négligé.
Dans le schème de la gouvernance, l'État ne se voit reconnu
aucun pouvoir de contrainte sur le secteur de l'entreprise, s'il
ne découle pas « d'une gouvernance publique fondée sur une
éthique de l'engagement social partagé[6] ». Plus encore, « la gouvernance publique gagnera à être interprétée en termes de
consilience [sic], au chapitre de sa philosophie de gestion, pour
qu'existent dans l'espace de vie commune des équilibres socio-
économiques et politiques respectables[7] ». Cet appel à la collaboration des puissances industrielles et financières dissimule
mal la *collaboration* politique dont font preuve eux-mêmes ces
éthiciens de la gouvernance, spécialistes notamment en PPP
(partenariats public-privé), sitôt conclu le passage obligé de
leur critique. La gouvernance désigne alors un état de « con-
ciliance » entre tous les pouvoirs, qui inclut celui d'universitaires complaisants.

---

5. *Ibid.*, p. 262.
6. *Ibid.*
7. *Ibid.*, p. 281.

ÉVITER LE RETOUR DE MANIFESTATIONS POPULAIRES

COMME EN TOUTE chose quand il y va de la gouvernance, l'épithète «bonne» dont on la flanque n'est à traiter ici ni comme un adjectif sans importance, ni comme une trouvaille récente. L'épithète «bonne» en politique plonge ses racines dans l'époque reculée où les doctrinaires français du XIXe siècle, confrontés aux turbulences de la modernité politique, cherchaient à définir la «bonne» démocratie. Les partisans d'une monarchie libérale parlementaire comme François Guizot ou Charles de Rémusat souhaitaient alors intégrer les acquis de la Révolution française à un régime politique apte à les neutraliser. Pour ce faire, les doctrinaires concevaient la «bonne» démocratie comme un programme relatif à l'inculcation et au développement de bonnes mœurs. Cela avait l'heur d'éviter à la bourgeoisie les frondes populaires. Ils réduisaient ce qu'ils appelaient la démocratie «sociétale[1]» à une traduction culturelle et civilisationnelle des comportements sociaux, plutôt que d'y reconnaître les formes d'expression, d'opinions et de revendi-

---

1. François Guizot, *Histoire parlementaire de France,* t. 1, Paris, 1863, Discours du 5 octobre 1831, cité dans Pierre Rosanvallon, *La démocratie inachevée. Histoire de la souveraineté du peuple en France,* Paris, Gallimard, coll. «Bibliothèque des histoires», 2000, p. 119.

cations que cherchaient à se donner les peuples de façon souveraine. La bourgeoisie à l'origine de ces définitions culturelles parvenait ainsi à escamoter un questionnement sur les modèles représentatifs en puissance, ceux que développaient les politiques et constitutionnalistes depuis la Révolution. La réduction de la démocratie à une spiritualité vécue par le plus grand nombre, sous la forme que lui inculquait une minorité éclairée, permettait de refouler du décor politique toute manifestation vive du public. « La grande hantise de ces libéraux a été d'éviter le possible retour d'une expression de la souveraineté populaire[2] », résume l'historien Pierre Rosanvallon. Il cite à l'appui les propositions de l'un des doctrinaires, Charles de Rémusat, qui « oppose clairement ainsi la "bonne" démocratie, "envahissant la société", "dont l'évolution est le symbole", au mot démocratie "pris dans sa mauvaise acception", c'est-à-dire assimilée au suffrage universel et au pouvoir populaire[3] ». Les pourfendeurs de cette notion de bonne démocratie se sont empressés, au XIXᵉ siècle, de dénoncer à juste titre un parti de classe transformant en « raison publique leurs opinions particulières[4] »… Les prétentions à la bonne démocratie d'hier ou à la bonne gouvernance d'aujourd'hui se recoupent manifestement. Elles censurent toutes deux une aporie, à savoir que la bonne méthode pour penser la juste représentation populaire ne se donne encore sous aucune forme arrêtée. Un régime politique d'ouverture en

---

2. Pierre Rosanvallon, *La démocratie inachevée. Histoire de la souveraineté du peuple en France, op. cit.*, p. 123.

3. *Ibid.*, p. 118.

4. *Ibid.*, p. 114.

est un, par conséquent, qui soumet précisément la question de sa forme à la délibération publique. « Le peuple est un maître qui est à la fois impérieux et insaisissable. Si la démocratie présuppose qu'il y a un sujet qu'on peut appeler "peuple" et que ce peuple est susceptible d'exprimer sa volonté, comment alors le définir et comment le reconnaître ? Toute la difficulté réside dans l'écart entre un principe — l'affirmation de la suprématie de la volonté générale — et une réalité sociologique[5]. » Pour Rosanvallon, lorsqu'il s'exprime en tant qu'historien, l'enjeu de la « bonne » représentation politique du peuple ne se pose pas seulement comme objet, mais plutôt comme sujet cherchant à se définir lui-même dans l'histoire. La gouvernance dissout ces deux champs constitutionnel et sociologique de questionnement pour plonger la conscience historique dans une unité référentielle dictée par une élite, celle des « experts ».

---

5. Pierre Rosanvallon, *Le peuple introuvable. Histoire de la représentation démocratique en France,* Paris, Gallimard, coll. « Bibliothèque des histoires », 1998, p. 15.

Moins décider que faire décider

L a question politique fondamentale de jadis — « Qui décide ? » — par laquelle le constitutionnaliste Carl Schmitt a établi une définition autoritaire de la souveraineté politique[1] se mue aujourd'hui en celle de « Qui fait décider ? » La décision politique cesse d'être nommément la responsabilité d'un décideur public que la Constitution encadre et que les contre-pouvoirs visibles tempèrent. Elle devient historiquement diffuse. Le décideur se parcellise en les membres d'une délibération aux termes commandés. Une fois l'ordre du jour posé, l'éthique communicationnelle de la bonne gouvernance suffit à induire des « décisions » qui relèvent de tous et ne sont la responsabilité de personne. Elles acquièrent dès lors l'autorité de faits de nature contre lesquels nul ne saurait s'opposer. La décision passe ainsi tautologiquement pour une réalité décisive inscrite dans l'ordre même des choses, sans que les partenaires aient sciemment voulu du cadre dans lequel on a entraîné leur volonté. Le régime fait alors l'économie de la justification idéologique. Cette inversion logique trouve maints corollaires dans les écrits internationaux sur la gouvernance. Par exemple, les pionniers de la gouvernance globale postulent

---

1. Carl Schmitt, *Théologie politique,* Paris, Gallimard, coll. « Bibliothèque des sciences humaines », 1988.

que la mondialisation économique s'est d'abord faite d'elle-même, pour qu'ensuite des multinationales se trouvent par hasard les mieux disposées à en tirer profit[2]. Le caractère anonyme de cette décision publique rappelle ce qui définit comme telle l'activité perverse, à savoir donner des airs d'objectivité aux situations que l'on concourt discrètement à faire advenir à son avantage, en mettant dans le coup ceux-là mêmes qui en sortiront lésés.

---

2. Commission on Global Governance, *Our Global Neighborhood, op. cit.*, p. 26.

QUE LA GOUVERNANCE GOUVERNE,
QUE LES MÉDIAS MÉDIATISENT

L ES ORGANIGRAMMES de la gouvernance ne représentent pas les médias comme des acteurs relevant d'intérêts privés ou d'États, mais comme de purs agents de liaison entre trois sphères bien distinctes[1]. *Exit* l'épineux débat sur la concentration de la presse. Que Lagardère, Bouygues ou Dassault en France; Springer et Bertelsmann en Allemagne; Disney, Viacom ou Time Warner aux États-Unis; CanWest, Quebecor et Power Corporation au Canada... pratiquent une convergence médiatique qui les rend maîtres de secteurs aussi sensibles que l'édition, la presse écrite, le cinéma et la télévision n'affecte en rien la conception des initiés de la gouvernance. Les médias restent dans leur optique le rouage neutre d'une communication fluide entre les divers membres de la société. On feint de croire qu'à travers les médias, ce n'est plus seulement la communication tripartite entre gouvernement, entreprises privées et société civile qui aurait cours librement, mais la manifestation même des traditions populaires, le génie de l'histoire universelle, la voix des différentes cultures ainsi que les valeurs morales. Incapables de cohérence, les théoriciens

---

1. Laura Edgar, Claire Marshall et Michael Basset, «Partnerships: Putting Good Governance Principles in Practice», *op. cit.*, p. 3.

de la gouvernance ne rendent soudainement plus compte, dans leur graphique[2], de l'inégalité des acteurs dont ils postulaient plus tôt la légitime réalité, mais réservent des cercles d'égales grandeurs à ces sphères d'agir grossièrement schématiques qu'occupent distinctement les gouvernements, le secteur privé ainsi que la société civile. Là où ce graphique cesse de mentir, c'est dans l'illustration qu'il donne de la manière dont les grands médias opèrent une distorsion perverse de la représentation des rapports de force historiques, à commencer par leur propre position dans la sphère publique. Il rend compte de la façon dont se plaît à se présenter elle-même la « presse libre », soit comme un tiers capable de se constituer en carrefour favorisant les rapports traditionnels, historiques, culturels et moraux entre des acteurs d'égale importance. Aucun lien de propriété n'est établi entre les médias et les acteurs sociaux dont ils assurent le rapport, aucune distinction n'est faite entre le pouvoir relatif des médias parallèles que se donnent de faibles organisations critiques et les médias de masse que de grands groupes financiers contrôlent à l'échelle mondiale. On s'éloigne tout à fait des considérations sur la concentration de la presse que Noam Chomsky a mises en exergue pour secouer les endormis : « Les médias *sont* différents de l'ensemble de la population, ils ressemblent beaucoup aux élites américaines[3]. » Tout au plus,

---

2. Le graphique reproduit à la page suivante est toujours tiré du même document : Laura Edgar, Claire Marshall et Michael Basset, « Partnerships : Putting Good Governance Principles in Practice », *op. cit.*, p. 3.

3. Noam Chomsky, *Comprendre le pouvoir*, Bruxelles et Montréal, Aden et Lux, 2006 et 2008, p. 44.

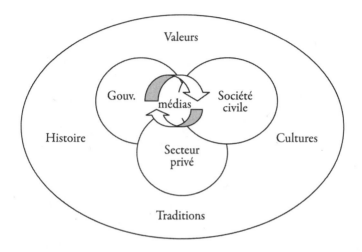

dans un sens éprouvé de l'euphémisme trahissant au passage leur préjugé positif envers le libéralisme économique, les théoriciens admettront que « même » dans les cas où les médias ne se trouvent pas contrôlés par l'État, leur lien à l'entreprise privée ne les rend tout de même pas « sans passion[4] ». Par ailleurs, les pionniers de la gouvernance globale diront regretter le trop faible nombre de communications satellites dans les pays du Sud — « la clé de la mondialisation des médias » — qui les exposeraient pourtant davantage aux productions du Nord dont ils disent craindre l'hégémonie[5].

---

4. *Ibid.*

5. Commission on Global Governance, *Our Global Neighborhood, op. cit.*, p. 30-32 (nous traduisons).

Prémisse 23

Étriquer les mots et leur chose

L A PLASTICITÉ de la gouvernance en fait un concept... au sens publicitaire. *Anything goes* tant qu'on se sait en contrôle des stimuli. Ce nouvel ordre du « concept » se pose en réalité comme une menace faite aux termes précieux de la philosophie[1] et provoque une participation des citoyens à leur néantisation. Pour les concepteurs de la gouvernance, les mots doivent rester subis — nulle délibération sur leur sens. Nostalgiques de l'ère précédant Babel, ils regretteront par exemple que *partnership* s'entende dans l'esprit des gens comme un de ces sèmes ayant plus d'une signification (*means different things to different people*[2]). L'apposition de mots d'appellation contrôlée sur les choses à laquelle procède la gouvernance contredit donc radicalement les puissances démocratiques que manifeste le différend social, lorsqu'on se met en maints lieux à nommer distinctement l'ordre sensible et à en disputer, comme le suggère Jacques Rancière dans *La mésentente*[3] et *Le partage du*

---

1. Voir les réflexions de Gilles Deleuze et Félix Guattari sur le concept publicitaire s'opposant à celui de la philosophie, dans *Qu'est-ce que la philosophie,* Paris, Éditions de Minuit, 1991, p. 15.

2. Laura Edgar, Claire Marshall et Michael Basset, « Partnerships : Putting Good Governance Principles in Practice », *op. cit.*, p. 4.

3. Jacques Rancière, *La mésentente. Politique et philosophie,* Paris, Galilée, 1995.

sensible[4]. Rabattre les vocables du marketing politique sur le monde signe la fin même de la pensée critique. Non seulement en ce qu'elle peut être produite, mais aussi lue. Traiter du potentiel subversif de l'œuvre d'un penseur tel que Michel Foucault devient alors impossible. À propos de celle-ci, par exemple, Bastien Sibille, docteur en gouvernance, s'autorise tous les renversements : il faut rendre les propositions de Foucault conformes à l'ordre unidimensionnel au sein duquel il a fait ses classes ; il faut intégrer la notion foucaldienne de « gouvernementalité » à celle de « gouvernance »[5]. Pourtant, rien ne le permet. C'est sur un mode préoccupé que les leçons données en 1978 par Foucault portent sur la transformation techniciste des pratiques du pouvoir. Elles cherchent à expliquer comment les techniques de contrôle des populations et celles de gestion des ressources territoriales ont affecté gravement la conscience moderne. Ce problème trouve une de ses origines aussi loin qu'en 1648, lorsque les États mettant fin à la guerre de Trente Ans constatent qu'ils restent en concurrence permanente les uns avec les autres. Dans cet esprit, la gouvernementalité chez Foucault désigne un ordre dans lequel des dispositifs de contrôle, de rationalisation, d'encadrement, de surveillance et de moralisation permettent à un État de dresser les populations afin de les mettre au service de stratégies économiques et

---

4. Jacques Rancière, *Le partage du sensible. Esthétique et politique,* Paris, La Fabrique, 2000.

5. Bastien Sibille, « Gouvernementalité européenne. Savoir et gouvernance dans la MOC », dans Yves Palau (dir.), *Gouvernance et normatvité. La gouvernance des sociétés contemporaines au regard des mutations de la normativité,* Québec, Presses de l'Université Laval, 2011.

militaires[6]. Il appert que les chercheurs universitaires subissent aujourd'hui le même traitement. Sibille ne verra qu'à célébrer en tout cela une «gouvernance nouvelle». C'est que l'école de la gouvernance dispense d'incestueuses tautologies dans lesquelles ses élèves s'enferment. Par exemple: «Les instruments de gouvernance sont en effet utiles pour étudier les "pratiques de gouvernance"[7]. » On reconnaît donc chez Sibille les termes analytiques de Foucault, mais au premier degré, hormis quelques prétentions critiques de surface. Comme si le philosophe français avait décortiqué à son compte «une domination par le savoir». «L'appareil administratif» que critique Foucault est celui, chez Sibille, qu'«il faut donc mettre en place»[8]! Cet expert en gouvernance se contente de paraphraser les méthodes de «régulation par le savoir» dans une genèse des techniques contemporaines de contrôle et de soumission en Europe, comme si on pouvait faire passer sans transition un problème au rang de sa solution. La pensée de Foucault porterait exclusivement sur un nouvel art de gouverner visant trivialement à «connaître la nature de la société pour jouer sur les forces qui la composent»[9]. S'agit-il donc simplement d'un manuel? Même dans ses tentations carriéristes les plus contraires à son œuvre[10], Foucault

---

6. Michel Foucault, *Sécurité, territoire, population. Cours au Collège de France, 1977-78*, Paris, Gallimard et Seuil, p. 111.

7. Bastien Sibille, «Gouvernementalité européenne. Savoir et gouvernance dans la MOC», *loc. cit.*, p. 121.

8. *Ibid.*, p. 118.

9. *Ibid.*

10. Jean-Marc Mandosio, «Les aventures de la pratique», dans *Longévité d'une imposture: Michel Foucault*, Paris, Encyclopédie des nuisances, 2010, p. 136 et suiv.

n'aurait jamais pensé retourner aussi parfaitement la mise en application de sa théorie contre sa théorie elle-même. Et chez les lecteurs de Foucault, même ceux qui déplorent son nihilisme ne songeraient pas à contester à ce point son esprit critique[11]. Une telle œuvre de piraterie universitaire passe sous silence le fait, pourtant central, que cette « domination par le savoir » dompte des sujets maintenus dans l'ignorance afin de les rendre gravement obéissants ; elle filtre précautionneusement les indications pourtant explicites du texte affirmant le caractère stupide de l'ordre auquel est habitué d'obtempérer le sujet de la « gouvernementalité ». Dans un tel régime, l'art de gouverner touche moins aux règles de droit et à la souveraineté politique comme telles qu'à un art exquis de la manipulation. C'est le règne de ce que Foucault appellera également « la police », non pas au sens de forces policières, que de modalités par lesquelles contrôler les activités opératoires des sujets[12]. « La vie tout entière doit être codée par le fait que chacun des épisodes, chacun des moments doit être commandé, ordonné par quelqu'un. [...] La perfection de l'obéissance consiste à obéir à un ordre, non pas parce qu'il est raisonnable ou parce

---

11. En fait état Érik Bordeleau dans *Foucault Anonymat,* Montréal, Le Quartanier, 2012, p. 24 et suiv. Fait exception à cette remarque l'impayable François Ewald, ancien assistant de Foucault au Collège de France devenu une figure importante du patronat français. Il fut le président de l'atelier « gouvernance » lors du Grenelle de l'estuaire, sorte de sommet social et politique sur le sort de l'estuaire de la Seine organisé en France en 2009.

12. *Ibid.*, p. 330. Ce terme est également central dans le maître ouvrage politique de Jacques Rancière, *La mésentente. Politique et philosophie,* qui le reprend.

qu'il vous confie une tâche importante, mais au contraire parce qu'il est absurde[13]. » C'est Tertullien rabaissé au rang de la simple gestion. La gouvernementalité prévoit que les sujets soient dits tels au sens où ils s'assujettissent à une autorité personnalisée — aujourd'hui un « coach », un « donneur de souffle », un « athlète d'entreprise »[14] ou encore un « gourou[15] », dans le jargon du management. Ou un bâilleur de fonds, dans le champ de la recherche subventionnée. La « nouvelle gouvernance » que Sibille croit percevoir positivement en ce concept de Foucault consiste bien, si on se fie à l'œuvre de référence, en un art larvé de la guerre, cette fois contre l'intelligence et l'autonomie des gens.

---

13. Michel Foucault, *Sécurité, territoire, population, op. cit.*, p. 179. Foucault définit là des attitudes subjectives constitutives du pastorat en tant que celui-ci est « le prélude à la gouvernemantalité » (p. 187).

14. Luc Boltanski et Ève Chiapello, *Le nouvel esprit du capitalisme, op. cit.*, p. 131.

15. Christian Salmon, *Storytelling,* Paris, La Découverte, 2007, p. 84-85.

NE PAS PRÊCHER PAR L'EXEMPLE

L ES TENANTS de la gouvernance n'ont cure des principes mêmes qu'édicte leur théorie lorsque vient le temps de l'élaborer. Aux fins de définir les manuels et l'*organon* de la gouvernance, on ne planifie ni consultation ni délibération sur le mode de discussions à plusieurs, qu'on prétend pourtant promouvoir. Loin du monde gentillet au sein duquel notre théorie à la mode situe son idéal type, dans le monde cruel de la région des Grands Lacs africains (région sortant de guerres pour le contrôle des ressources naturelles ayant fait quelque six millions de victimes directes et indirectes entre 1996 et 2003), lorsque les tenants de la Banque mondiale, juges et parties, s'emploient à expliquer aux Congolais les vertus de la bonne gouvernance, ce sont trois acteurs issus du secteur minier lui-même qui produisent la documentation. Lire les 60 pages du rapport « République démocratique du Congo. La bonne gouvernance dans le secteur minier comme facteur de croissance[1] » est de ce fait toute une expérience. Le texte est signé par « les staffs séniors de la Banque mondiale, comprenant Craig B. Andrews, spécialiste principal en mines, Boubacar Bocoum, spécialiste en mines sénior

---

1. Document de la Banque mondiale, Département des hydrocarbures, des industries extractives et des produits chimiques, rapport n° 43402-ZR, mai 2008.

et Delphin Tshimena, consultant — spécialiste en mines». Y sont remerciés pour leur contribution «Markus Wagner, de l'Institut fédéral allemand des sciences de la Terre et des ressources naturelles», l'Allemand Ulrich Daldrup, un économiste actif dans le secteur de la coopération, ainsi que Pierre Goossens, un géologue belge consultant de sociétés minières… Il revient ainsi à ce cercle homogène de déterminer comment doivent collaborer les autorités congolaises, la population dans son ensemble, les communautés directement exposées à l'exploitation minière, les orpailleurs artisanaux éventuellement embauchés par les sociétés minières étrangères (mais le plus souvent expropriés par elles), les artisans du domaine du transport, les organisations civiques du domaine environnemental et social, sans parler (car ils ne le font pas) de tous les acteurs incapables de s'ériger en partenaires défenseurs d'intérêts — quoiqu'ils soient affectés par le phénomène d'exploitation. Geoffrey Geuens peut sans difficulté décliner, dans le volumineux *La finance imaginaire,* le *Who's Who* des «spéculateurs d'hier, dénoncés il y a peu» qui sont ensuite portés «à la tête de commissions de sages prônant une meilleure gouvernance de la finance publique[2]». La presse financière fera ensuite son travail de mystification, en présentant au grand public la gouvernance comme «un point clé de la bonne répartition des richesses[3]».

---

2. Geoffrey Geuens, *La finance imaginaire. Anatomie du capitalisme: des «marchés financiers» à l'oligarchie,* Bruxelles, Aden, 2011, quatrième de couverture.

3. Nicolas Teisserenc, «De l'extraction à l'industrialisation», *African Business,* édition française, Paris, France IC Publications, n° 20, février/mars 2012, p. 26.

Passer outre l'histoire et les conditions d'enrichissement des puissants

A INSI DÉGAGÉ de son idéal « boy-scoutiste » et inscrit dans l'âpreté de l'histoire, le *storytelling* de la gouvernance ne procède à rien de moins qu'à un effort de révisionnisme économique. Tout convient pour paramétrer le rôle des acteurs puissants de façon à maintenir dans l'oubli les raisons obscures de leur présence dans le cercle délibératoire des décideurs — soit parfois des crimes, des alliances troubles ou des méfaits que blanchira précisément l'adhésion aux codes de bonne gouvernance. Les modalités de reconnaissance que la gouvernance prévoit maintiennent la conscience publique aux strictes occurrences d'un pur présent. Cette conscience des intéressés se bornera au cadre d'investissement arrêté par le droit : au Congo-Kinshasa, par exemple, un code minier a été adopté en 2002, avec le soutien de la Banque mondiale, au moment où prenait plus ou moins fin une très sanglante guerre autour des ressources naturelles. Ce code a deux fonctions. D'abord, statuer sur la légitimité des droits d'exploitation des sociétés publiques existantes — les institutions internationales qui participent à l'élaboration du code peuvent de ce fait être suspectées d'ingérence politique puisqu'elles créent un mécanisme voué à éventuellement discréditer et disqualifier des entités publiques établies (ce mécanisme étant en dernière instance adopté au sortir de ces guerres par un parlement moribond). Ensuite, le code minier érige les termes qui permettent aux sociétés privées d'exploitation minière déjà sur place de légitimer leur présence. C'est sur la base du code de 2002 et d'un « contrat de gouvernance » que Kinshasa a adopté en 2007 — avec pour réalité sous-jacente la frousse de faire fuir les investisseurs internationaux dont dépendent les potentats locaux, nonobstant leur prétendue « lutte à la corruption » — que l'État a orienté à la fin de la décennie 2000 un processus dit de « revisitation » des contrats miniers signés en temps de guerre. Parmi les entreprises qui ont paraphé des contrats avec des chefs d'État en guerre ou des belligérants qui finançaient leurs croisades à même ces transactions[1], les experts de la Banque mondiale citent Swipco (Suisse), le Lundin Group (Canada), Forrest-Outokumpo (Congo — Finlande), Cluff Mining (Royaume-Uni), Banro (Canada), Mindev (Belgique — Canada), Barrick

---

1. Haut Commissariat sur les droits de l'homme, Organisation des Nations Unies, « République démocratique du Congo, 1993-2003. Rapport du Projet Mapping concernant les violations les plus graves des droits de l'homme et du droit international humanitaire commises entre mars 1993 et juin 2003 sur le territoire de la République démocratique du Congo », août 2010, chapitres « Financement du conflit du fait de l'exploitation des ressources naturelles » et « Exploitation des ressources naturelles comme facteur de prolongation du conflit », § 767-775 ; République démocratique du Congo, Assemblée nationale, Commission spéciale chargée de l'examen de la validité des conventions à caractère économique et financier conclues pendant les guerres de 1996-1997 et de 1998, « Rapport des travaux », Kinshasa, [document diffusé sur internet en 2006], p. 7 ; Témoignage de la représentante états-unienne Cynthia McKinney, Cour nationale d'Espagne, Administration de la Justice, Tribunal central d'instruction n° 4, Royaume d'Espagne, Résumé 3 / 2.000, Madrid, 6 février 2008.

Gold (Canada), South Atlantic Resources (Afrique du Sud — Canada), Union Minière (Belgique), Anvil Mining (Australie — Canada) et Gencor-Iscor-Broken Hill (Afrique du Sud), en prenant appui sur le rapport de la commission du Parlement congolais présidée par Christophe Lutundula sur les ententes signées lors des conflits armés. Ces experts mentionnent que certains de ces contrats « ont été accordés dans des circonstances floues et suspectes[2] » et y voient « une grande controverse[3] ». Mais sur la base de nouveaux critères inspirés de la bonne gouvernance, ils ont été renégociés « pour éviter toute polémique future[4] », c'est-à-dire surtout pour oublier le passé. C'est ainsi que, forte de son nouveau contrat, donc de son adhésion aux critères tardifs de légitimation, une société comme la canadienne Banro se voit soudainement défendue par les autorités publiques et les institutions internationales comme exploitant légalement le sous-sol congolais. Mais comment a-t-elle pu à l'origine s'imposer là en plein contexte guerrier ? Pourquoi est-ce un contrat signé par cette société-là qu'on a dû renégocier, et pas un autre ? Il ne convient pas d'alimenter de telles arguties. Ces questionnements éthiques nuisent aux cours boursiers des sociétés et à la représentation stable que se font du monde des affaires les intéressés de la gouvernance. Nulle enquête, dès lors, sur l'intrigante présence de Banro comme partenaire de belligérants dans un Sud-Kivu à feu et à sang durant la guerre des

---

2. Banque mondiale, « République démocratique du Congo. La bonne gouvernance dans le secteur minier comme facteur de croissance », *op. cit.*, p. 51.

3. *Ibid.*, p. 50.

4. *Ibid.*, p. 51.

années 1996-2003. La société a-t-elle abusivement scindé la Sominki qu'elle a acquise du régime de Mobutu en 1996, de façon à concentrer les gisements rentables dans une entité nommée Sakima, tout en plaçant hors bilan les passifs et autres gisements de peu de valeur dans la Sominki en liquidation[5]? Ses concessions du Sud-Kivu étant disputées dans le contexte du conflit armé[6], quelle relation s'est instituée entre Banro et Alexis Thambwe, le directeur de la société Sakima que celle-ci détient, également cofondateur du groupe rebelle Rassemblement congolais pour la démocratie (RCD)[7]? Que signifie précisément que les experts mandatés par le Conseil de sécurité de l'ONU aient formellement cité Banro parmi les sociétés stigmatisées qui « importent des minéraux de la République démocratique du Congo via le Rwanda », et qu'ils lui reprochent d'avoir violé les « principes directeurs à l'intention des entreprises » promus par l'Organisation de coopération et de développement économiques (OCDE)[8]? La société assimile sans

---

5. République démocratique du Congo, Assemblée nationale, Commission spéciale chargée de l'examen de la validité des conventions à caractères économique et financier conclues pendant les guerres de 1996-1997 et de 1998, « Rapport des travaux », *op. cit.,* p. 192 et p. 121 selon la pagination du document tel que reproduit en ligne.

6. Dominic Johnson et Abys Terega, *Les ressources minières. La faillite de la politique minière en RDC,* Goma, Pole Institute, p. 41.

7. Denis Tull, « The Reconfiguration of Political Order in Africa : A Case Study of North Kivu (DR Congo) », *Hamburg African Studies / Études africaines hambourgeoises,* Hambourg, Institut für Afrika-Kunde, n° 13, 2005, p. 168.

8. Organisation des Nations Unies, « Rapport du Groupe d'experts sur l'exploitation illégale des ressources naturelles et autres formes de richesse

surprise tant de troublantes allégations à de la « diffamation[9] ».
Personne n'a pu aller au fond des choses dans cette affaire, les
autorités canadiennes n'ayant pas donné suite à l'invitation des
experts onusiens à enquêter sur ce cas[10]. Banro a vu sa présence
légitimée par son adhésion aux termes d'un processus de révision des contrats motivé entièrement par le principe de gouvernance. Invoquant ce terme, un comité du Parlement belge
s'est même trouvé à dénoncer l'exploitation « illégale » des ressources de la part de militaires au Sud-Kivu où se trouve Banro,
en invitant confusément l'Union européenne à « veiller à la pro-
tection des droits de l'homme et à la bonne gouvernance[11] ».
Banro apparaît désormais comme la détentrice légitime de concessions que d'autres pilleraient illégalement. Le principe de
bonne gouvernance vient donc auréoler de la défense de la paix
et des droits de l'homme le seul droit qui vaille, celui de la propriété privée. La promotion de la « sécurité humaine » servira
ensuite à dépolitiser la violence dite illégale des laissés-pour-
compte de la bonne gouvernance, tandis que le droit ménagera

---

de la République démocratique du Congo », rapport S/2001/357, annexe I,
12 avril 2001 ; et rapport S/2002/1146, annexe III, 16 octobre 2002.«

9. « Free Speech at Risk, Coutering Threats Against Freedom of Expression and Academic Freedom » : www.freespeechatrisk.ca

10. Madelaine Drohan, *Making a Killing : How and Why Corporations Use
Armed Force to Do Business,* Toronto, Vintage Canada, 2003.

11. Sénat de Belgique, « Exploitation et trafic des richesses naturelles dans
l'est du Congo. Rapport du groupe de travail "Exploitation et trafic des
richesses naturelles dans l'est du Congo" fait à la Commission des relations
extérieures et de la défense », rapport 4-1629/1, session de 2009-2010, 5 mai
2010, p. 23.

les arrières de ceux qui ont été promus pour exploiter légalement les ressources du monde. Dans l'optique de la bonne
gouvernance, ce sont donc les conditions de «l'accumulation
primitive du capital» qui perdent toute pertinence. Les juristes
le revendiqueront: «la gouvernance est par nature juridique[12]»;
«les non-juristes peuvent difficilement ignorer la dimension,
ou mieux l'identité juridique de la gouvernance[13]». La gouvernance ne changera donc rien aux traditions sclérosées du droit,
surtout pas celle voulant que seuls les puissants en rédigent les
termes et accèdent à la mise en application de ses articles.

---

12. Céline Chatelin-Ertur et Stéphane Onnée, «La gouvernance des organisations: entre normes et règles de droit», dans Jean-Luc Rossignol (dir.), *La
gouvernance juridique et fiscale des organisations,* Paris, Tec & Doc, 2010, p. 24.

13. Jacques Caillosse, «Gouvernance et participation. Quelle synthèse?»,
dans Pierre de Montalivet (dir.), *Gouvernance et participation,* Bruxelles,
Bruylant, 2011, p. 232.

Naturaliser l'économie de marché

L ES VISÉES les plus rabâchées du capitalisme industriel rejaillissent dans l'ordre de la gouvernance comme le naturel dans la vie en société. Les sages de l'élitiste Commission on Governance postulent que l'expansion des sociétés multinationales contribue à la création de richesses. Au profit de qui? Ils ne mentionneront pas par pudeur les privilégiés du capital, entre les mains de qui les actifs se concentrent. On fera fi en outre des crises dévastatrices que provoque l'économie de marché, en en attribuant la cause aux défaillances du Fonds monétaire international (FMI) dont on attend qu'il les prévoie. Et on alléguera, pince-sans-rire, qu'à l'instar des États qui le dirigent, « le FMI, qui devrait être en train de jouer un rôle majeur en contrant les chocs déstabilisants, ne dispose que de ressources limitées[1] ». On justifiera ensuite l'absence de partage de ces richesses à l'échelle du monde par la trop faible intégration des économies à un système unique, intégration qu'encourage en premier lieu l'OMC[2]. On donnera enfin au projet de bonne gouvernance les termes mêmes de sa téléologie, à savoir l'incorporation de toute chose à un système économique unifié

---

1. Commission on Global Governance, *Our Global Neighborhood, op. cit.*, p. 137 (nous traduisons).

2. *Ibid.*, p. 164-165.

d'inspiration capitaliste. Les propositions des experts miniers de la Banque mondiale se trouvent notamment développées «pour que la bonne gouvernance mène à la croissance[3]». Le questionnement de cette doctrine historiquement coûteuse pour les peuples et l'écosystème[4] est d'emblée banni de tout ordre du jour, de même que l'endettement chronique qu'elle leur impose depuis des décennies[5]. Tout tend davantage à l'essor de l'entreprise privée. Ses intérêts sont érigés comme une finalité. Il est vrai que les marchés financiers conditionnent la prospérité du pays : ils déterminent les cours des matières premières que le Congo est réduit à brader vers les économies extérieures. Les tenants de l'économie de marché se dressent alors en toutes circonstances comme des agents décisionnels capables de résoudre les problèmes qu'ils identifient, soit les leurs. Le versant rhétorique de cette stratégie consiste à expliquer l'appauvrissement chronique du peuple congolais et le phénomène endémique de la corruption par une utilisation du capital d'exploitation et des retombées financières qui ne correspond pas à la «manière rationnelle et durable» de la grande entreprise privée. Tout concourt en somme à formater l'État pour qu'il convienne davantage aux intérêts de l'industrie minière et à ceux de la finance, tout en les dédouanant de

---

3. Banque mondiale, «République démocratique du Congo. La bonne gouvernance dans le secteur minier comme facteur de croissance», *op. cit.*, p. 1.

4. Bakary-N'Badiallah Diarra, *Gouvernance et environnement. Des réflexions pour une insurrection des consciences,* Montréal, Grenier, 2007.

5. Damien Millet et Éric Toussaint, *60 questions, 60 réponses sur la dette, le* FMI *et la Banque mondiale,* Liège et Paris, Comité pour l'annulation de la dette du Tiers Monde (CADTM) et Syllepse, 2008.

leurs responsabilités. Les programmes de bonne gouvernance de la Banque mondiale enjoignent ainsi l'État à aménager son cadre législatif et réglementaire pour convenir aux puissances de l'argent. L'institution de Washington l'invite même à mettre fin à sa posture historique de « rentier » corrompu. Elle procédera conséquemment à la défense et à l'illustration d'un code minier congolais outrancièrement avantageux pour l'industrie ; ses représentants se félicitant de voir l'État congolais prévoir une fiscalité quasi nulle pour les industries étrangères présentes chez lui[6]. Le hic, toutefois, c'est qu'historiquement, lorsqu'expérimentée, l'application de ces propositions a directement mené au phénomène décrié : lorsque l'État abandonne toute mission sociale au principe de la libre entreprise, la corruption se révèle pour les acteurs du pays l'unique façon de ponctionner une faible part des richesses extraites de leur territoire. Vaille que vaille, accentuer la cause du phénomène et nier le rôle fondamental de l'entreprise dans la transformation du régimes congolais en une kleptocratie demeure dans le registre des « solutions » avalisées par les experts autoproclamés. Bien qu'aucun régime fiscal digne de ce nom ne vienne favoriser l'élaboration d'un véritable système de justice sociale, l'impôt

---

6. Redevances : 0,5 % pour les métaux ferreux, 2 % pour les métaux non ferreux ; 2,5 % pour les métaux précieux, 4 % pour les pierres précieuses, 1 % pour les substances minérales industrielles, 0 % pour les matériaux de construction. Impôt sur le revenu : 30 % du revenu imposable (celui des entreprises est consigné à l'étranger, le plus souvent dans des paradis fiscaux). Impôt sur les dividendes et autres revenus indirects : 10 à 20 %. Droits de douane à l'importation : 2 à 5 % de la valeur CAF. Impôt sur le chiffre d'affaires : 3 à 5 % du service intérieur des produits, selon BM 20.

officieux que constituaient en dernière instance les navrantes formes de corruption se trouve ainsi combattu au nom de la bonne gouvernance. Tout n'est plus qu'affaire de concurrence et, *in fine*, de rentabilité des investissements. Même en ce qui regarde la tant proclamée lutte contre la corruption :

> Il est important d'instaurer la bonne gouvernance non seulement du point de vue moral, mais aussi pour une industrie minière efficace, performante et compétitive sur le plan international. Le coût supplémentaire induit par un pot-de-vin versé à un agent douanier ou un don d'actions fait à un haut responsable de l'État peut sembler une dépense tolérable à court terme ; mais il conduit inévitablement à une escalade de demandes de paiements illicites qui représentent, à terme, un désavantage concurrentiel considérable pour le secteur minier congolais[7].

Enfermés dans leur logique capitaliste et aveugles aux autres intérêts que les leurs, les tenants de l'industrie minière, comme ceux de la bonne gouvernance, cherchent à gagner sur tous les tableaux — en menant les populations à leur perte. La Banque mondiale évaluera par la suite ses programmes de bonne gouvernance selon une méthodologie tendancieuse qui lui garantit à l'avance de bons résultats[8].

---

7. Banque mondiale, « République démocratique du Congo. La bonne gouvernance dans le secteur minier comme facteur de croissance », *op. cit.*, p. 3.

8. Jean Cartier-Bresson, « Les mécanismes de construction de l'agenda de la gouvernance », *loc. cit.*, p. 122 et suiv.

Enfermer les États dans la compétitivité fiscale

Comme partenaire de l'entreprise privée, un État du Sud, fort de ses prérogatives, apporte donc son concours aux visées que celle-ci lui a fait partager. Pour sceller le pacte, on propose à l'État en question de devenir un actionnaire marginal des entreprises qui participent à sa déstructuration. Il se voit dès lors encouragé à rendre « concurrentiel » son régime fiscal avec celui des autres États du Sud, tout en subissant les effets inexorables du *dumping* initié par eux ainsi que par de nombreux paradis fiscaux du monde[1]. Pire, se soumettant au fol impératif de la compétitivité fiscale, l'État (congolais en l'occurrence) rend « concurrentielles » ses différentes modalités d'imposition, souvent sans que ce soit en fait requis : par exemple, dans le cas où son territoire renferme des ressources naturelles exclusives. Dans un tel contexte, l'enjeu n'est plus pour lui d'attirer des entreprises qui pourraient s'installer ailleurs au prétexte que les impôts sont trop élevés, puisque les ressources dont son territoire regorge ne trouvent leurs égales nulle part ailleurs dans le monde. Il se découvre ainsi en principe dans un

---

1. Dev Kar et Devon Cartwright-Smith, « Illicit Financial Flows from Africa : Hidden Resource for Development », Center for International Policy, Washington, mars 2010.

rapport de force avantageux. Mais les termes mêmes des pratiques de la bonne gouvernance amènent les dirigeants des pays du Sud à négliger cette réalité. Dans l'optique de la gouvernance, en effet, les «aspects essentiels» du «droit» ne concernent en rien les enjeux sociaux, environnementaux ou éthiques, mais seulement «le respect des droits de propriété et l'inviolabilité des contrats»[2]. Tout est donc mis en œuvre pour que l'État favorise les acquisitions privées quelles qu'elles soient. Luttant contre ses propres intérêts et matant son peuple en vertu de ces politiques aberrantes, l'État est conséquemment amené à faire la guerre aux groupes armés locaux révoltés qui occupent «illégalement» les sites d'exploitation, de façon à les rendre accessibles aux acteurs internationaux de l'industrie et de la finance. Les partenariats avec le secteur privé étant la seule perspective de développement qui s'offre formellement au peuple congolais, par exemple[3], les négociations entre l'État et l'industrie doivent également se faire dans la précipitation pour éviter de fâcheuses «répercussions éventuelles en termes de crédibilité et de réputation du Congo sur les marchés financiers internationaux[4]». L'absurde fait loi.

---

2. Banque mondiale, «République démocratique du Congo. La bonne gouvernance dans le secteur minier comme facteur de croissance», *op. cit.*, p. 51.

3. *Ibid.*, p. 7.

4. *Ibid.*, p. 8.

Récupérer les discours militants
ne nuisant pas au système d'exploitation

L ES PROPOSITIONS des « partenaires » de la « société civile »
engagés dans les processus de « bonne gouvernance » sont
aisément récupérables. Les programmes de lutte contre la corruption en témoignent. La Banque mondiale a beau jeu de se
présenter aux côtés de groupes civiques internationaux qui lut-
tent contre la corruption et conçoivent comme elle des cadres
indépendants de gestion des deniers publics. Elle cite par exemple l'Initiative relative à la transparence des industries extractives (ITIE, ou Extractive Industries Transparency Initiative, EITI)
proposée à l'origine par l'organisation indépendante Publish
What You Pay (PWYP)[1]. Cette organisation civique internationale, certes modérée, lutte néanmoins rigoureusement contre
la corruption politique et milite pour la reddition de comptes.
Les tenants du capital voient évidemment d'un bon œil toute
initiative visant à restreindre les coûts importants que représentent la corruption politique et le trafic d'influence, surtout
si celle-ci n'altère en rien l'ensemble du système qui lui permet
de régner. Concrètement, la Banque mondiale continuera donc
de faire pression sur le fisc congolais pour qu'il ne perturbe en

---

1. Banque mondiale, « République démocratique du Congo. La bonne gouvernance dans le secteur minier comme facteur de croissance », *op. cit.*, p. 140.

rien l'oligarchie internationale qui se sert dans les pays du Sud, tout en retenant des propositions de la société civile les éléments qui satisfont son agencement rhétorique, celui de la bonne gouvernance où elle est passée maître.

Lutter contre une corruption...
sans corrupteurs

L es politiques dites de « lutte contre la corruption » inspi-
rées par la « bonne gouvernance » dénoncent la déstructuration politique et sociale provoquée par le phénomène, sans
toutefois s'attaquer à la racine du mal : la colonisation économique et le pillage institutionnalisé[1]. Le thème de la corruption
se trouve méthodologiquement prélevé du réel historique
comme s'il s'agissait d'un problème anthropologique qui épargne, parmi les potentats locaux ainsi que les puissances domi-
nantes, celles qui modélisent la bonne gouvernance. Le juriste
malien en exil, Bakary-N'Badiallah Diarra, estime en ce sens
que ces politiques anticorruption disculpent, dédouanent et
innocentent les pays actionnaires du fmi et de la Banque mondiale, ainsi que leurs bénéficiaires. « C'est à penser comme si,
mathématiquement, la résultante ne pouvait plus être la somme
des composantes ou, en clair, que la corruption pouvait exister
sans l'intime connivence entre le corrupteur et le corrompu[2]. »
Raymond Baker du Center for International Policy l'observe

---

1. À titre d'exemples de cette approche oblique, les études publiées dans
« La corruption au quotidien », dans Giorgio Blundo et Jean-Pierre Olivier de
Sardan (dir.), *Politique africaine,* Paris, Karthala, nº 83, octobre 2001.

2. Bakary-N'Badiallah Diarra, *Gouvernance et environnement. Des réflexions
pour une insurrection des consciences, op. cit.,* p. 28.

également : « L'action contre la corruption de la Banque mondiale a démarré du mauvais pied. Au départ, la Banque offrit son aide à tout pays intéressé, mais les volontaires se firent singulièrement rares. Par la suite, une théorie vit le jour à la Banque : "on ne combat pas la corruption en s'y opposant"[3]. » Typique de l'esprit de la gouvernance, cette « théorie » soutient alors deux postulats aux conséquences graves. D'abord, qu'il y a corruption dans un pays lorsque celui-ci est pauvre. Suivez les experts du regard… Il faudra donc le *développer* davantage, et ce, bien entendu, grâce aux politiques et programmes qu'ils concoctent. Il s'agit, renchérit Diarra, de « mesures de "privatisation" qui sont toujours bénéfiques pour la "liberté du commerce", la "concurrence" et "l'élargissement de l'économie de marché"[4] ». Elles profitent donc à ceux qui corrompent massivement les castes dirigeantes. En « luttant » ainsi « contre » la corruption, le Nord sait tirer encore profit de la situation. Les fonds issus de détournements illégaux que le Nord enregistre sont en effet supérieurs à ce qu'il donne au Sud par la voie de ses déjà controversés plans d'« aide ». Ce sont au moins 1 000 milliards de dollars qui quittent annuellement les pays pauvres, en grande partie par le biais des paradis fiscaux[5]. Second volet de la politique anticorruption de la Banque mondiale : s'attaquer

---

3. Raymond W. Baker, *Le talon d'Achille du capitalisme. L'argent sale et comment renouveler le système d'économie de marché,* Montréal, alTterre, 2007 [2005], p. 293.

4. Bakary-N'Badiallah Diarra, *Gouvernance et environnement. Des réflexions pour une insurrection des consciences, op. cit.,* p. 30.

5. Dev Kar et Devon Cartwright-Smith, « Illicit Financial Flows from Africa : Hidden Resource for Development », *op. cit.*

au phénomène en partant du bas vers le haut. La bonne gouvernance prend prétexte de ce combat pour mettre encore davantage la pression sur les citoyens du Sud, en ménageant les corrupteurs étrangers et les potentats corrompus. On cerne d'abord les policiers et les fonctionnaires directement en lien avec les citoyens, pour remonter dans la chaîne de l'appareil d'État, jusqu'à ce qu'un jour on s'enquière éventuellement des propensions d'un haut fonctionnaire ou d'un ministre à convenir de malversations. On n'arrive bien évidemment pas, avec de telles méthodes, à sanctionner les principaux coupables. Ces plans de lutte ne motivent pas davantage de mesures anticorruption dans les États du Nord[6]. Il s'entend, pour donner le *la*, que la Banque mondiale aurait intérêt à cibler des pôles institutionnels fermement établis, en commençant par exemple... par elle-même. Une part très importante des prêts qu'elle consent alimentent la corruption politique[7]. Si d'aventure, en serrant la vis dans certains contextes, de tels plans de lutte produisent des effets contraignants, sans que soit pour autant modifié en profondeur le contexte économique dans lequel ils s'appliquent, ceux-ci continueront de profiter aux sociétés étrangères. Ils leur épargneront la taxe factice que constituent les pas-de-porte et

---

6. Groupe de travail de l'Organisation de coopération et de développement économiques (OCDE) sur la corruption, « Rapport annuel 2010 », Paris, OCDE, 2010, p. 18. Consulter également les rapports par pays sur la mise en œuvre de la convention de lutte contre la corruption de l'OCDE, www.oecd-ilibrary.org/governance/la-mise-en-œuvre-de-la-convention-anti-corruption-de-l-ocde_18149960

7. Raymond W. Baker, *Le talon d'Achille du capitalisme. L'argent sale et comment renouveler le système d'économie de marché, op. cit*, p. 295.

autres pots-de-vin de la corruption, sans qu'elles aient pour autant à honorer en bonne et due forme les impôts contribuant à l'élaboration d'institutions de bien commun[8]. L'ONG Transparency International agit auprès de la Banque mondiale comme « partenaire » de la « société civile », la cautionnant dans ces entreprises de mise au pas. Elle « promeut la bonne gouvernance en Afrique[9] » en stigmatisant dans ses publications les pays et acteurs corrompus, sans considérer les auteurs de la corruption. Sous ses dehors moraux, la gouvernance se fait répressive. Tandis qu'elle se prétend garante de progrès moraux et sociaux à venir, elle donne une virginité aux politiques qui provoquent depuis si longtemps des crises alimentaire, énergétique, politique, sanitaire et culturelle[10]. L'agriculture est sinistrée au nom de politiques d'exploitation de la monoculture et de ressources minérales ; les forêts sont sapées pour le chauffage malgré les ressources solaires et éoliennes du continent ; des conflits invraisemblables sont encouragés par le maintien de frontières nationales que l'Europe coloniale du XIXᵉ siècle a facticement établies ; l'ouverture aux marchés internationaux fait du Sud la principale poubelle de produits de consomma-

---

8. S.M. Ali Abbas, Alexander Klemm, Sukhmani Bedi et Junhyung Park, « A Partial Race to the Bottom : Corporate Tax Developments in Emerging and Developing Economies », *International Monetary Fund Working Paper*, Washington, Fonds monétaire international, 1ᵉʳ janvier 2012, www.imf.org/external/pubs/ft/wp/2012/wp1228.pdf

9. Transparency International, « Promoting Good Governance in Africa », Berlin, 4 mars 2009.

10. Bakary-N'Badiallah Diarra, *Gouvernance et environnement. Des réflexions pour une insurrection des consciences, op. cit.*, p. 10 et suiv.

tion industriels du Nord et son terrain d'essais d'armes chimiques ; le lent développement de l'éducation, pourtant toujours officiellement prioritaire, se fait en fonction de critères étrangers. La « gouvernance » nomme un art paradoxal du possible : réaliser précisément le contraire de ce à quoi elle prétend. En soumettant ainsi les peuples du Sud à l'humiliant « mimétisme développemental[11] » qui les ruine ainsi qu'à la greffe d'une « parlementocratie[12] » qui ne mène nulle part, et ce, tout en alléguant des tares proprement culturelles quand il s'agit de prendre acte des conséquences qu'a sur eux ce modèle, les tenants de la bonne gouvernance signent un crime parfait.

---

11. *Ibid.*, p. 9.
12. *Ibid.*, p. 11.

Inverser causes et effets
au vu d'un passé fantasmé

L ES LOBBIES, groupes d'intérêts et autres prestataires de formations sur la gouvernance ne répugnent pas à en falsifier les fondements en même temps qu'ils s'en présentent les gardiens. La plasticité de la doctrine leur permet à tout moment d'inverser son effet pour sa cause, et vice versa. «Longtemps réduite à une perspective purement managériale, la gouvernance a fini par révéler ce qu'elle a toujours été: un processus social», se convainc par exemple Dominique Darbon[1], professeur à l'Institut d'études politiques de l'Université de Bordeaux. Ce contresens, publié en France par l'Institut de recherche et débat sur la gouvernance (IRG), ne soutient pas seulement qu'il est cohérent qu'une chose ayant «toujours été» ait pu être «longtemps réduite» à son contraire, il laisse aussi entendre que la gouvernance s'est trouvée instrumentalisée par le management alors qu'elle aurait constitué à l'origine une stricte matrice de socialisation. Or, la gouvernance ne relève d'aucun processus social préalable qui aurait convenu ensuite au monde des organisations. Elle procède plutôt d'une colonisation par le management privé de tout processus social. En témoigne le

---

1. Dominique Darbon, «Gouvernance et fabrique de l'ordre politique. La réinvention de la légitimité et le retour des classes moyennes», *loc. cit.*, p. 81.

cheminement du terme, depuis le monde des organisations multinationales à l'appareil d'État de Margaret Thatcher, puis à la Banque mondiale, jusque dans une multitude de sphères où cherchent à s'imposer aujourd'hui des intérêts privés. Alain Couret, membre du Cercle des entreprises (et par ailleurs juriste à Paris I Panthéon-Sorbonne), perçoit en ce sens la progression historique de la notion : «De la gouvernance d'entreprise, on est passé à la gouvernance des organisations et le terme gouvernance a acquis une véritable autonomie par rapport au mot entreprise[2]. » Pourquoi, dès lors, tant de définitions fantasques et de passés prétendus ? Pourquoi les tenants de la gouvernance, lorsqu'ils prévoient des discussions avec la « société civile », prêtent-ils abusivement une dimension générique et traditionnelle au terme gouvernance, en le définissant comme un strict « art de gouverner la chose publique [sic][3] » ? Pourquoi tant travailler à en faire oublier la genèse managériale, sinon par crainte d'en traduire la particularité problématique ? Que prend-il à Jean-Pierre Olivier de Sardan de développer l'idée d'une « gouvernance soviétique », terme qui n'a jamais marqué ce régime[4] ? Pourquoi l'ONG Transparency International fait-

---

2. Alain Couret, «Préface», dans Jean-Luc Rossignol (dir.), *La gouvernance juridique et fiscale des organisations,* Paris, Tec & Doc, 2010, p. IX.

3. Ousmane Sy, Michel Sauquet et Martin Vielajus, «Introduction», dans *Entre tradition et modernité, quelle gouvernance pour l'Afrique ?,* Actes du colloque de Bamako, 23, 24 et 25 janvier 2007, Paris, Institut de recherche et débat sur la gouvernance, 2007, p. 12.

4. Jean-Pierre Olivier de Sardan, «Gouvernance despotique, gouvernance chefferiale et gouvernance postcoloniale», dans *Entre tradition et modernité, quelle gouvernance pour l'Afrique ?, op. cit.,* p. 110.

elle à tout prix de la gouvernance le terme générique de toute institution de pouvoir, y compris dans des cultures étrangères à l'Occident et antérieures à l'apparition du vocable à la fin du XXᵉ siècle[5]? Pourquoi des experts qui font la promotion de cette notion en Afrique poussent-ils l'anachronisme jusqu'à traiter de la gouvernance africaine de 1235 sous Soundiata Keita[6]? Le renversement que commet Darbon est fondamental dans la mesure où c'est à même «la vacuité du terme» gouvernance, adjectivable à merci, que le politologue trouvera «sa polysémie fondamentale», voire «la complexité du phénomène social et politique que recouvre ce mot d'apparence anodine». Ce type de renversement permet aux colporteurs subventionnés de la doctrine de lui conférer un vaste passé anthropologique et une profondeur historique qu'elle n'a pas. La désinvolture philosophique de la gouvernance finit hélas! par se mondialiser au fur et à mesure que celle-ci adopte des prétentions à la mondialité. Ainsi, un colloque organisé à Bamako par l'Institut de recherche et débat sur la gouvernance, l'Alliance pour refonder la gouvernance en Afrique et le Centre d'expertises politiques et institutionnelles en Afrique peut donner lieu à longueur de journée à des discussions faites de renversements sémantiques du genre. Les congressistes présenteront la gouvernance tantôt comme un fait de concurrence impitoyable entre agents et tantôt comme un gage des

---

5. Transparency International, *Combattre la corruption. Enjeux et perspectives*, Paris, Karthala, 2002, p. 51.

6. Ousmane Sy, Michel Sauquet et Martin Vielajus, «Introduction», dans *Entre tradition et modernité, quelle gouvernance pour l'Afrique?, op.cit.*, p. 12.

structures démocratiques[7]. Et si par chance on tombe sur quelques considérations justes et critiques sur l'ordre corrompu de
l'Afrique, elles échouent malheureusement dans la bouillie conceptuelle d'une gouvernance qui ne mène nulle part. Tour à
tour, les conférenciers s'excusent d'utiliser un terme aussi vague
pour pointer des problèmes si urgents, constatant qu'il est
« compris de la manière la plus diverse, la plus ambiguë, la
plus instable, tant dans l'esprit des fonctionnaires nationaux
ou internationaux que dans celui des chercheurs ou des
responsables de la société civile[8] ». Il s'ensuit un effort entêté
pour le « définir » à nouveau ou pour le « réinventer », alors
qu'on déplore déjà la multiplicité d'usages qui embrouillent
ce terme réputé « mot valise[9] ». Qu'importe ! Les termes de la
gouvernance sont une série de hochets mis dans la main de la
société civile pour que ses représentants en causent à l'infini.
La perte de signification politique résonnerait-elle nécessairement dans le creux de ce vocable, comme Shakespeare faisait
dire aux sorcières de *Macbeth* que le beau est dans le laid et le
laid dans le beau ? Le problème est ici : dans l'esprit des renversements qui sont le propre de la gouvernance, on fait comme
si ce terme n'avait pas pour vocation essentielle d'entretenir
une nébuleuse sémantique favorisant, dans sa confusion, le
développement éhonté de projets d'exploitation qui ne disent

---

7. Voir notamment les interventions divergentes de Atsutsè Kokouvi
Agbobli et de Kwesi Jonah dans *Entre tradition et modernité, quelle gouvernance pour l'Afrique ?, op. cit.*

8. Ousmane Sy, Michel Sauquet et Martin Vielajus, « Introduction », dans
Entre tradition et modernité, quelle gouvernance pour l'Afrique ?, op.cit., p. 9.

9. *Ibid.*

plus leur nom. On feint qu'en clarifiant la notion en tant que forme de «production de règles du jeu communes» et de «modes d'organisation et de régulation du "vivre ensemble" des sociétés, du niveau local au niveau mondial[10]», on n'en est pas subrepticement à favoriser les modalités pseudolibérales par lesquelles les intérêts des multinationales s'arriment aux politiques des communautés.

---

10. *Ibid.*, p. 10.

DÉLIBÉRER À VIDE

POUR LES CONSCIENCES, le substantif « gouvernance » confine l'acte politique aux considérations éthérées de délibérations participatives à jamais produites sur le mode d'un participe présent. Ce qu'il réalise ainsi dans le continuum de sa démarche est un acte de légitimation d'acteurs qui s'arrogent un pouvoir de décision sur ce qu'il advient du bien commun et des affaires publiques. La *légitimance* en laquelle consiste la gouvernance succède, dans l'histoire des hégémonies, aux anciennes formes idéologiques qui visaient à faire valoir clairement un modèle de domination et ses modalités pratiques. De la bonne gouvernance, d'aucuns qui ont intérêt à y croire diront également qu'elle est fragile. Comme théorie et comme modèle. C'est là moins faire acte de modestie que conférer à la chose une vulnérabilité telle que tous les contresens lui en seront excusés[1]. Alors, loin de renforcer le lien ultime qui unit encore, mais fragilement, le citoyen à la décision politique, à savoir le rituel électoral, la théorie de la gouvernance, avec sa discrétion habituelle, le sectionne. Elle le fait en inversant, l'air de rien, les propositions de principe, comme on le lit dans la proposition suivante : « L'élection sert à désigner les gouvernants. Mais elle

---

1. Noam Chomsky, « La promotion de la démocratie à l'étranger », dans *Les États manqués*, Paris, Librairie Arthème Fayard, 2007, p. 143 et suiv.

n'entraîne pas automatiquement l'approbation à l'avance des politiques qui seront mises en œuvre par le gouvernement élu[2]. » Ainsi, on ne vote ni pour des principes, des programmes, des politiques, des projets ou des idées, mais, dans la culture de la gouvernance, pour des « leaders[3] », dont on ignore naturellement tout des intentions, même dans le contexte d'une campagne électorale. L'auteur de cette prémisse, Michel Venne, dirige lui-même une boutique de soins en bonne gouvernance. Les services dont elle est prestataire requièrent la neutralisation du procédé électoral pour susciter un mal — ne plus avoir de cercles sociaux de délibération — auquel elle prétendra remédier : « La légitimité que confèrent [au leader] les urnes est donc imparfaite. Elle doit constamment être renforcée par d'autres mécanismes de consultation, de justification et de validation entre les élections[4]. » L'Institut du Nouveau Monde (INM), dont il s'agit, est justement financé par le gouvernement pour accomplir ce travail[5]. Il ne voit aucun inconvénient à ce que l'industrie minière le paie[6], par exemple lorsqu'il s'agit d'organiser une tournée afin de « fournir aux citoyens une tribune libre pour exprimer leurs questionnements, leurs préoccupations et plus particulièrement leurs pistes de solution concernant le

---

2. Michel Venne, « Dans l'œil du citoyen. L'art de gouverner », *Le Devoir*, 11 août 2012.

3. *Ibid.*

4. *Ibid.*

5. Institut du Nouveau Monde, « La petite histoire », www.inm.qc.ca/la-petite-histoire-mainmenu-70.html

6. Collectif d'auteurs, « Minalliance et l'Institut du Nouveau Monde. Une collaboration de mauvais aloi », *Le Devoir*, 2 mars 2012.

développement minier[7] ». Pourquoi s'en formaliser? « Un finan-cement diversifié assure l'indépendance de l'Institut[8]. » Dans ce contexte, *délibérer* devient un acte intransitif qui ne connaît pour tout positionnement politique que le vide.

---

7. Institut du Nouveau Monde, « Maintenant disponible: un document de référence sur le développement minier au Québec (révisé) », communiqué, 14 mars 2012 [1er mars 2012], www.inm.qc.ca/2012/1185-maintenant-dispo-nible-un-document-de-reference-sur-le-developpement-minier-au-quebec-revise-le-14-mars-2012.html

8. Institut du Nouveau Monde, « La petite histoire », *loc. cit.*

Prémisse 32

Favoriser les recherches universitaires...
de subventions

Tout ce à quoi touche la gouvernance tourne à l'avantage du secteur industriel ou financier et se définit à son initiative. Ses représentations tendancieuses de la *participation,* de l'*égalité,* de l'*intérêt,* du *développement* et de l'*organisation* ont très subitement prévalu dans l'espace culturel mondial. Le dévoiement des institutions de recherche et d'enseignement universitaire constitue à cet égard un exemple de choix. La Suisse, pays classé premier pour la décennie 1990-2000 dans une étude sociologique britannique intitulée « The Scientific Impact on Nations[1] », a par exemple réformé un modèle de recherche pourtant exemplaire. Les fonds alloués à la recherche étaient utilisés de façon optimale dans les laboratoires. Les thèmes de recherche étaient le fait de chercheurs soutenus par leurs pairs, informés de l'évolution du savoir dans leur propre discipline. Les retombées de cette organisation du travail intellectuel étaient vérifiables auprès de l'ensemble des citoyens[2].

---

1. David A. King, Office britannique de la science et de la technologie, « The Scientific Impact on Nations », *Nature,* 15 juillet 2004, cité dans Libero Zuppiroli, *La bulle universitaire. Faut-il poursuivre le rêve américain ?, op. cit.,* p. 72.

2. Libero Zuppiroli, *ibid.,* p. 73.

Pourquoi dès lors avoir transformé dans ces années-là la prestigieuse École polytechnique fédérale de Lausanne en Swiss Institute of Technology Lausanne? Pourquoi avoir imposé des dirigeants états-uniens à « l'entreprise »? Pourquoi avoir redessiné son organigramme selon une dynamique *top-down* et une culture coûteuse de la *good governance,* du *controlling* bureaucratique, de l'*accountability,* de la *transparency* et du *robust monitoring*[3]? Pourquoi avoir ainsi modifié radicalement la fonction même des professeurs pour en faire des agents de recherche consacrant l'essentiel de leur temps au *networking, fundraising, marketing* et *management*? Pourquoi avoir cédé à l'envie d'une « science *bling-bling* » plus attirée par les découvertes clinquantes satisfaisant les *public relations* que la pensée critique? Pourquoi avoir subitement évalué l'institution en fonction de critères qui concernent seulement des enjeux de visibilité — le *QS World University Ranking* — et ne regardent pas le sérieux des travaux qui s'y mènent réellement? Pourquoi avoir transformé l'enseignement en une chasse aux *superb students*? Pourquoi tant de ce leadership « pervers »? Libero Zuppiroli, professeur comptant parmi les victimes de cette grande transformation, considère la réponse comme évidente: « [I]l s'agissait en fait de mettre cette recherche au service des grandes sociétés multinationales[4]. » Au point de dévoyer l'institution elle-même et

---

3. Libero Zuppiroli met en évidence la source anglophone de tout ce vocabulaire managérial dans *La bulle universitaire, ibid.*

4. *Ibid.*, p. 73-74. Lire aussi Bill Readings, *The University in Ruins,* Cambridge (MA), Harvard University Press, 1996; et Jennifer Washburn, *University Inc.: The Corporate Corruption of Higher Education,* New York, Basic Books, 2006.

d'empêcher ses artisans honnêtes de faire réellement ce pour quoi ils sont rétribués : des recherches sérieuses et axées sur l'intérêt commun davantage que sur d'étroites considérations commerciales. Le constat est universel depuis que s'universalise le modèle de gouvernance des institutions de recherche. L'Europe est entrée dans cette culture de la concurrence universitaire à la faveur du processus de Bologne, lancé en 1998 pour uniformiser les cursus universitaires d'un pays à l'autre, et de la stratégie de Lisbonne fondée en 2000 pour favoriser les institutions de recherche européennes dans la concurrence qu'elles livrent aux autres continents. Les chercheurs québécois Eric Martin et Maxime Ouellet observent chez eux également que :

> [...] la réforme de la gouvernance doit être comprise comme l'importation au sein des institutions publiques, dans ce cas-ci les universités, d'un mode de régulation des pratiques sociales existant au sein des organisations privées. Cette colonisation participe d'une reconfiguration des rapports internes de l'université et du détournement de sa mission sociale vers des finalités qui ne sont plus la transmission et la préservation de la connaissance et de la culture, mais la production d'un savoir commercialisable[5].

On place alors sous l'appellation de « gouvernance des universités » la gestion des institutions universitaires par des acteurs du domaine privé, pour qui cette position de force permet une véritable mainmise sur le secteur de la recherche et de la con-

---

5. Eric Martin et Maxime Ouellet, « La gouvernance des universités dans l'économie du savoir », rapport de recherche, Montréal, Institut de recherche et d'informations socio-économiques (IRIS), novembre 2010, p. 24.

naissance. Il n'est pas étonnant que dans des institutions où la
science du *business* a pris une place prépondérante, un ministre
responsable en vienne à parler du *business of science*. C'est ce
que fait Gary Goodyear, ministre canadien des Sciences et de la
Technologie, lorsqu'il affirme que « le Canada et les Canadiens
bénéficient au maximum de ces dollars fiscaux » placés dans les
institutions d'enseignement et de recherche. Les « Canadiens »
auxquels il pense correspondent « naturellement » au « côté
affaires de l'innovation[6] ». L'université devient tout naturellement une entreprise dont la valeur est considérée en fonction
d'un potentiel de rendement à court terme. Les projets en
recherche et développement se trouvent évalués en fonction de
leur potentiel commercial. L'accès aux résultats de recherche
se voit restreint par une culture du brevetage des découvertes
qui est lourde administrativement, stérile intellectuellement et
coûteuse juridiquement. Des sociétés privées font signer des
ententes de confidentialité aux témoins qui assistent aux sou-
tenances des thèses qu'elles ont partiellement financées. Cela
permet en clair à l'entreprise de profiter à ses fins d'une institution de recherche qu'elle finance pourtant moins que l'ensemble des contribuables. Car il ne revient plus à ces derniers de
définir les institutions de bien commun. Le secteur privé en use
comme monnaie d'échange pour l'obtention de capitaux à risque dans le secteur de la recherche, hypothéquant de ce fait ces
institutions, pourtant originellement consacrées à la recherche

---

6. Entretien de Toby Fyfe avec Gary Goodyear, « Science Solution, The
Business of Innovation », *Canadian Government Executive*, vol. 18, n° 6, juin
2012, p. 7 (nous traduisons).

indépendante. La plus zélée des «entreprises» de recherche, l'Université de Montréal, a cédé le contrôle de ses conseils décisionnels et comités d'influence tour à tour, ces dernières années, à des gestionnaires issus notamment des secteurs bancaire (Banque Nationale), pharmaceutique (Jean Coutu), industriel (Air Canada et SCN-Lavalin), gazier (Gaz Métro) ou médiatique (Power Corporation et Transcontinental)[7]. Elle l'a fait en calquant le modèle de gouvernance promu par l'Institut sur la gouvernance des organisations publiques et privées (IGOPP, déjà mentionné plus haut), cofondé par les Hautes Études commerciales de Montréal. Le recteur de l'Université de Montréal, peut-être inspiré par le PDG d'une télévision française privée, Patrick Le Lay de TF1 — auteur d'une déclaration célèbre voulant que sa chaîne «vende du temps de cerveau disponible à Coca-Cola» —, a affirmé à l'automne 2011, à propos du personnel et des effectifs étudiants de son université: «Les cerveaux doivent correspondre aux besoins des entreprises[8].»

---

7. Voir «La direction de l'UdeM, Conseil de l'Université», automne 2012, http://secretariatgeneral.umontreal.ca/gouvernance/conseil/liste-des-membres; le «Conseil des gouverneurs», http://secretariatgeneral.umontreal.ca/documents-officiels/vade-mecum/comite-recherche/comite/conseil_des_gouverneurs_associes; ainsi que Eric Martin et Maxime Ouellet, «La gouvernance des universités dans l'économie du savoir», op. cit., p. 23.

8. Guy Breton, «Développement universitaire. À propos des cerveaux et des entreprises», Le Devoir, 17 novembre 2011.

DONNER AU DOGME DES AIRS
DE PENSÉE CRITIQUE

L E LIVRE *Gouvernance collaborative* du professeur Gilles
Paquet est le reflet d'un ordre dans lequel la gouvernance
des universités fait de celles-ci les universités de la gouvernance.
Tout au plus l'auteur se donne-t-il de la contenance, au détriment du contenu, en paraphrasant sa réitération de la doctrine
sur un mode « subversif[1] ». Son « antimanuel », nous promet-il,
le fait aborder des questions « condamnées comme hérésies »…
bien qu'il se présente lui-même en « croisade » pour son concept.
Il « veut délibérément surprendre, provoquer et même irriter »,
et pour ce faire il apparaîtra « primesautier » et « critique », car
il a conçu une « ouvre-perspective » explorant les « futuribles »
— les « futurs possibles », doit-il préciser. À en croire son exemple, le Centre d'études en gouvernance de l'Université d'Ottawa[2],
dont il est professeur émérite, hautement subventionné, est un
lieu où l'on « invente ou radoube » avec « imagination », « pertinence » et « rigueur », des « organisations » et des « institutions ».

---

1. Jusqu'à la fin de la prémisse, toutes les expressions entre guillemets
sont empruntées à Gilles Paquet, *Gouvernance collaborative. Un antimanuel*,
op. cit., « Introduction ».

2. Centre fondé en 1997 par les Facultés d'administration et de sciences
sociales de l'Université d'Ottawa, www.sciencessociales.uottawa.ca/governance/
fra/apropos.asp.

Puisqu'il faut bien manger, la «gouvernance» doit néanmoins
son existence aux instances «subversives» qui financent ses
hérauts: la Gendarmerie royale du Canada (GRC), l'Association médicale canadienne, Deloitte et Touche, les ministères
fédéraux de la Défense, du Transport et de l'Immigration ainsi
que le bâilleur de fonds qu'est le Conseil de recherches en
sciences humaines du Canada (CRSH). Tous sont les clients de
Gilles Paquet — également consultant[3]. C'est que l'universitaire gravit davantage les échelons des institutions sociales en
les critiquant que s'il s'abstenait de le faire. Passé l'essouffle-
ment qu'entraînent tant d'effets de manche introductifs, sa
Gouvernance collaborative tombe lourdement dans la rhétorique des demandes de subventions et ressert sans surprise le
réchauffé de l'outillage libéral: la théorie des jeux comme plat
de «résistance» pour redésigner un mode d'organisation aussi
abstrait que désincarné. Alors, après avoir atteint le point cul-
minant de sa poésie managériale, l'auteur abondera vite dans
les anglicismes habituels de la langue des affaires ainsi que dans
le «français d'Ottawa» qui ignore tout des articles définis[4]:
«[L]es pathologies de gouvernance» [sic], «la problématique
gouvernance» [sic] ainsi que «l'approche gouvernance» [sic]
seront notamment ses objets. Puis ses visées elles-mêmes
ramolliront jusqu'à se fondre dans le tableau petit-bourgeois
de la conscience universitaire: que la gouvernance soit «un

---

3. CV rendu disponible sur le site de Gilles Paquet: www.gouvernance.ca.

4. L'observation est de Jean Larose dans *La petite noirceur,* Montréal,
Boréal, 1987, p. 201. L'auteur de *Gouvernance collaborative* ne cherche pas à
remédier aux anglicismes qui «posent problème», comme en témoigne la
note 6 de son introduction.

tout petit peu moins mal comprise » et que les institutions sociales soient « un tout petit peu moins mal gouvernées ». Là s'arrête ce que la science de la gouvernance arrive un tout petit peu à accueillir au titre de ses extrêmes.

PRÉMISSE 34

JOUER À LA THÉORIE

POUR SE DONNER de la crédibilité, le théoricien de la gouvernance s'assure de redistribuer les rôles de façon à se donner à lui-même celui du rebelle. Selon cette esthétique, la gouvernance qu'il défend semble alors « attaquée par tous les potentats qu'elle remet en question[1] ». Qui sont ces adversaires qui subventionnent ceux-là mêmes qui les critiquent ? Fidèle à la culture qu'il préconise, Gilles Paquet *ne les nommera pas*. Un vague pronom impersonnel, « on », fera office d'adversaire tout au long du livre et aucune de ses victimes ne risquera ainsi de troubler l'ordre subventionnaire dont dépend l'institution de l'auteur. *Gouvernance collaborative* n'est en réalité qu'« un syllabus de rechange[2] ». Sa nouveauté ? Puiser des éléments de contenu à même les discours séditieux qui habilleront d'une doublure critique son conformisme intellectuel. La « pensée critique[3] » dont le polémiste se réclame se réduit à un tic de langage. Cette pensée ignore manifestement tout de son histoire ; on la retrouve, dans la science de la gouvernance, précisément assimilée aux idéaux éculés que la critique a historiquement contribué à repousser. Comment expliquer sinon qu'elle par-

---

1. Gilles Paquet, *Gouvernance collaborative. Un antimanuel*, *op. cit.*, p. 12.
2. *Ibid.*, p. 9.
3. *Ibid.*, p. 10.

vienne à associer un courant de pensée initié dans la modernité par les pourfendeurs du capitalisme avec des modalités abstraites de la théorie des jeux ? Il faudra redevenir scolaire pour remédier à ces carences d'universitaire, et rappeler ce que sont distinctement pensée critique et théorie des jeux. Le premier courant consiste à penser les positionnements politiques, les pratiques culturelles, les stratégies de contrôle et précisément le développement des connaissances en fonction de rapports de force établis au sein d'appareils idéologiques de pouvoir et de production. La question des rapports de force séditieux ou de la flagornerie qu'entretiennent les uns et les autres envers l'appareil de pouvoir est ici centrale. L'écrit de référence de Max Horkheimer sur l'approche critique aborde l'ordre institué en tant qu'il détermine les sujets d'une époque jusque dans leur façon de penser. Il s'ensuit une réflexion sur les modes radicaux de transformation de ces rapports. La pensée critique consiste à faire subir l'épreuve du doute à une production intellectuelle qui risque fort de refléter essentiellement les intérêts des institutions qui la commandent. Elle se distingue ainsi de la théorie autorisée, laquelle adopte, pour faire court, un corpus limité de principes référentiels contribuant à la gestion interressée d'un ensemble de questions et de problèmes. Les instances gérant l'élaboration de ce type de savoir sont de diverses manières intégrées aux appareils de pouvoir et de production. Elles tendent à n'admettre que ce que les pouvoirs institués désignent comme utile — ses critères de performance, dirait-on aujourd'hui. On y a traditionnellement développé par ailleurs ce qui reste confiné au plan fondamental des « idées ». Cette allégeance double — d'abord aux intérêts contingents

des institutions et ensuite à l'idéal de la connaissance fondamentale — dégage en apparence les scientifiques et techniciens
des responsabilités politiques que leur confère leur position.
Leur formation les entraîne à ne pas nécessairement s'enquérir
de ce que leur époque exige de chercheurs générant « une énorme
quantité de productions dites scientifiques[4] ». L'élaboration de
théories fondamentales sur ce mode convenu table en particulier sur la rigueur des axiomes ainsi que sur la certitude
présumée des mathématiques. Or, ce sont précisément toutes
ces prétentions qui ont caractérisé la théorie des jeux, installée
par Gilles Paquet au fondement d'une « gouvernance collaborative ». La contradiction pourrait difficilement être plus
frontale. Oskar Morgenstern et John von Neumann, dans leur
ouvrage fondateur *Théorie des jeux et du comportement économique,* ainsi qu'une lignée de chercheurs notamment en économie, sociologie, psychologie ou biologie, ont cherché par
cette approche mathématisée des jeux à décrire, voire à fonder
le comportement des agents pris dans divers contextes mettant en cause des relations de pouvoir, ainsi que les conjonctures amenant les acteurs à stabiliser leurs rapports à l'intérieur
de systèmes. Cette théorie a reçu l'aval de différentes disci-
plines scientifiques du fait qu'elle jouit de la caution de l'arith-
métique. Le modèle dual de Morgenstern et Neumann prend
d'abord et avant tout appui sur un système d'axiomes mathématiques. À son fondement, la méthode axiomatique de la

---

4. Max Horkheimer, « Théorie traditionnelle et théorie critique », dans
Théorie traditionnelle et théorie critique, Paris, Gallimard, coll. « Tel », 1974
(nous avons légèrement retouché la traduction).

théorie des jeux craint « les associations verbales », évite de
« donner des noms particuliers » aux choses et s'en tient à des
« concepts mathématiques » dont elle connaît la « pureté »[5].
Dans un deuxième temps seulement, Morgenstern et Neumann
proposent une adaptation de leur modèle dans des termes
techniques susceptibles d'être compris par les penseurs des
sciences humaines. Le système subit alors une première tor-
sion : un « concept mathématique de stratégie » entre en scène ;
on le présente comme heuristique, donc capable de s'appliquer
à diverses situations observables — il s'agit d'attribuer aux
différents concepts mathématiques des « noms appropriés[6] ».
Le passage du mathème au sème, ou le glissement du champ
numérique à celui des contingences sociales, se fait par une
analyse de jeux tels que le poker ou le bridge, des sports intellectuels eux-mêmes conditionnés par un ensemble de règles
qui sont tout au plus une lointaine *mimesis* des actions sociales. La méthode se révèle valide seulement si le principe de non-
contradiction des axiomes se vérifie à travers le déplacement :
est-ce que l'axiome mathématique par définition observable
en tout et pour tout s'applique toujours dans des situations
empiriques lorsqu'il est transposé à la sphère ludique ? Par
exemple, en référence aux possibilités stratégiques à la disposition de joueurs de poker ? Rien ne permet de le démontrer, écrit Michel Plon dans un rare ouvrage critique sur la

---

5. Oskar Morgenstern et John von Neumann, 10 : A : A., cités dans Michel
Plon, *La théorie des jeux. Une politique imaginaire,* Paris, Librairie François
Maspero, 1976.

6. Oskar Morgenstern et John von Neumann, 10.1.1, cités dans Michel
Plon, *La théorie des jeux. Une politique imaginaire, op. cit.,* p. 74.

question[7]. Ce directeur de recherche au Centre national de la recherche scientifique (CNRS) s'enquiert des problèmes qu'encourt le passage des modèles chiffrés aux contingences réelles que ceux-ci prétendent traduire. «N'en déplaise aux admirateurs de la théorie des jeux, cet argument est mathématiquement *nul*. Ce n'est pas parce que la présentation pédagogique des concepts de la géométrie euclidienne peut s'appuyer sur des exemples pris ou tracés dans l'espace physique où nous vivons que l'existence de cet espace constitue *la preuve* de la non-contradiction des axiomes la définissant[8].» Le fait qu'en certaines circonstances précises — poker, bridge ou autres cadres expérimentaux — les postulats de la théorie des jeux se vérifient ne signifie pas pour autant que cette théorie s'avère en tout. Que le modèle mathématique fonctionne en certains cadres est une chose, qu'il traduise au titre de la norme et du savoir les fondements psychologiques et pratiques des comportements sociaux en est une autre, que les savants de la gouvernance seraient bien avisés de considérer. Si seulement ils faisaient preuve d'esprit critique. C'est d'ailleurs avec le concours de propositions idéologiques intensément promues à l'échelle sociale qu'on arrivera à croire à l'extension de ses vérifications. La théorie des jeux tend à transformer le tout social à sa mesure pour ensuite y chercher une confirmation de sa validité. Cette approche ne se satisfait que d'un type de sujet historique, le seul qui puisse être inséré dans le modèle : l'individu abstrait qui se sait libre, informé, conscient, fort d'un libre

---

7. Michel Plon, *La théorie des jeux. Une politique imaginaire, op. cit.*
8. *Ibid.*, p. 109.

arbitre, capable d'action, n'étant soumis à aucune coercition institutionnelle ni abîmé dans quelque spirale psychique… qu'affectionne d'imaginer la pensée libérale. C'est au prix d'une telle réduction que le sujet politique pourra correspondre à une *variable*. Un postulat auquel s'ajoute celui d'un présumé face-à-face entre cet individu imaginaire et le tout de la société. La question des confrontations de classes anéantit le modèle tout autant que ses modélisateurs cherchent à anéantir lesdites confrontations. Qu'il en aille ainsi de ces questions d'intérêts suffit à faire descendre la théorie de son piédestal et à poser quant à elle les questions de responsabilité qui s'imposent. En rabattant la gouvernance dite critique aux prémisses elles-mêmes rabattues du libéralisme économique, l'expert de la gouvernance reproduit plutôt le fantasme d'un monde formé d'individus libres conjuguant avec le réel social à leur guise, et capitule devant le travail de pensée qui s'impose de toute urgence, à savoir nommer le fait de contraintes réellement à l'œuvre — telles que celle de refouler toute critique de la gouvernance sitôt qu'on lui doit sa situation professionnelle.

Prétendre vainement
à l'interactionnisme

« Il faut aussi explorer la riche dynamique des interactions et les processus d'auto-organisation anonymes[1] », prescrit le professeur Paquet. Malheureusement, on ne retrouve dans le rabâchage libéral qu'annonce cette déclaration de principes ni la vitalité intellectuelle d'un Georg Simmel qui l'a inspirée en sociologie, ni l'audace des courants anarchistes qui l'ont éprouvée en politique. L'anonymat du processus que mentionne Gilles Paquet n'excédera pas le statut de *variable* auquel son modèle d'emprunt confine les sujets politiques. Cet emprunt aux théories interactionnistes se présente soudainement comme étant à même de favoriser *tous* les acteurs sociaux sans affecter profondément l'ordre civique lui-même. Tout au plus s'attend-il à réformer quelque peu ce dernier en ménageant la structure de domination. Le PDG, le chef d'État soutenu par le milieu des affaires ainsi que tous les ayants droit des hiérarchies patriarcales n'auront, selon son dessein, qu'à « collaborer » davantage pour se maintenir en selle. L'anonymat réclamé semble subitement dépourvu de son potentiel imprévisible, puisqu'il est contenu dans les paramètres étroits de la théorie des jeux. Paquet est incapable, lui, de dire comme tant d'anonymes : « À

---

1. Gilles Paquet, *Gouvernance collaborative. Un antimanuel, op. cit.*, p. 11.

nous, il faut tout autre chose[2]. » Nulle place non plus pour des considérations historiques éclatantes, comme ce retrait spirituel des formes instituées de domination — « C'est là un premier aspect de la question de l'anonymat : anonymat entendu ici comme refuge, exil et absence au monde. *L'objectif principal du laboratoire d'écologie mental est de saisir dans le vif ce désir de disparaître[3]* » — et ce, en vue d'une guerre civile : « Devant l'évidence de la catastrophe, il y a ceux qui s'indignent et ceux qui prennent acte, ceux qui dénoncent et ceux qui s'organisent. Nous sommes du côté de ceux qui s'organisent[4]. » La science d'appareil se contentera de récupérer l'inventivité sémantique de ces mouvements.

2. TIQQUN, *Organe de liaison au sein du Parti Imaginaire. Zone d'Opacité Offensive* (dit *TIQQUN 2*), octobre 2001.

3. Érik Bordeleau, « [E]scape. Anonymat et politique à l'ère de la mobilisation globale : passages chinois pour la communauté qui vient », thèse en littérature comparée, Université de Montréal, avril 2009.

4. *Appel,* publication anonyme sans éditeur, sans distributeur et sans date, publié vraisemblablement au début de la décennie 2000.

PRÉMISSE 36

EFFECTUER UNE « SÉLECTION NATURELLE »

L E RECOURS de Gilles Paquet à la théorie des jeux se prétend ouvert en ce qu'il permet une interaction mouvante entre les sujets... mais l'ensemble ne dissimule même pas une normativité imprégnée de darwinisme social. La théorie des jeux se présente chez lui, d'une part, comme un « apprentissage » dont font preuve les « participants » se prêtant à des « jeux » sociaux en vue de leur trouver un point d'équilibre et, d'autre part, comme un « processus de "sélection naturelle" » dont il dit qu'il opère « tant au niveau des individus qu'à celui des groupes et des organisations[1] ». Les guillemets ne changent rien au fait que c'est *in fine* à une tendancieuse « coévolution génético-culturelle » que s'intéresse sans gêne Paquet, pour départager les participants sociaux faisant preuve de « choix pro ou anti-collaboration[2] ». Il prend appui sur elle pour diagnostiquer sa « pathologie de gouvernance » [sic] auprès de ceux qui gênent le mouvement de l'histoire en lequel il croit. C'est que les règles de la gouvernance se trouveraient autant ancrées dans la nature du monde que dans l'ADN de ceux qui y répondent sainement. On écarquille les yeux : « L'adoption de conformismes qui, par évolution génético-culturelle, deviennent une partie de notre

---

1. Gilles Paquet, *Gouvernance collaborative. Un antimanuel, op. cit.*, p. 14.
2. *Ibid.*

ADN[3]. » Tel est le premier objet de l'auteur. Son second : un programme d'apprentissage social par lequel parfaire les aptitudes à la collaboration. Cette proposition, qui a les relents de camps de rééducation, tient pour lui d'une « éthique pratique à deux vitesses » se manifestant dans la tension entre « les acquis séculaires qui font partie de notre ADN d'humains et les résultats de l'apprentissage collectif à moins long terme qui conforment l'ordre social[4] ». Quels peuvent être les fondements théoriques d'assertions aussi malavisées ? Des « travaux éclairants » — ceux des psychologues behavioristes Samuel Bowles et Herbert Gintis, très approximativement cités — « ont montré que la collaboration n'était peut-être pas aussi peu "naturelle" qu'on l'a trop longtemps soutenu[5] ». La double négation traduit un malaise, en même temps qu'est récupérée au passage la philosophie de Pierre Kropotkine[6]. La gouvernance évolutionniste du conformisme repose fatalement sur le postulat voulant que plus on se montre apte à la « collaboration » politique, en faisant preuve de « confiance » et de « loyauté », plus on s'éloignera d'une « pathologie » associée au « travail de corrosion et de blocage »[7], qui concerne implicitement les groupes critiques réfutant les perspectives historiquement redoutables soutenues par des idéologues tels que Gilles Paquet.

---

3. *Ibid.*, p. 24.

4. *Ibid.*

5. *Ibid.*, p. 16. Voir p. 81 pour les références.

6. Pierre Kropotkine, *L'entraide. Un facteur de l'évolution,* Montréal, Écosociété, coll. « Retrouvailles », 2001.

7. Gilles Paquet, *Gouvernance collaborative. Un antimanuel, op. cit.,* p. 24-25.

ENTRAÎNER LES ÂMES DOCILES

L<small>A DIALECTIQUE</small> de la gouvernance signée Paquet prétend à une opposition entre, d'une part, un mode « grand G[1] » valant d'abord pour le Gouvernement, puis pour *God* ou « Grand manitou du monde des affaires, ou Grand philanthrope dans le secteur sans but lucratif[2] » [sic !] et, d'autre part, un mode « petit g » signifiant la gouvernance. « L'approche petit g » a pour destin historique de « contester vigoureusement », et ultimement de « remplacer » le « paradigme grand G ». Or, petit g et grand G entretiennent moins, pour qui sait lire, un rapport d'antinomie que d'analogie. Le petit g marque l'état du monde dans lequel ses « participants » ont tellement intégré les figures disciplinaires du pouvoir que celles-ci peuvent tirer leur révérence. L'*empowerment* prétendu des agents désigne surtout leur faculté de cultiver activement la « mystique » du leadership plutôt que d'obéir à un leader formel. C'est l'étape ultérieure à celle qu'étudie Michel Foucault sous le titre des « corps dociles[3] » ; cette fois, ce ne sont plus les corps de soldats et d'ouvriers que l'on clôture, dresse et rend interchangeables, mais les âmes

---

1. Gilles Paquet, *Gouvernance collaborative. Un antimanuel, op. cit.*, p. 23.
2. *Ibid.*, p. 29.
3. Michel Foucault, « Les corps dociles », dans *Surveiller et punir. Naissance de la prison*, Paris, Gallimard, coll. « Bibliothèque des histoires », 1975.

de « citoyens » devenus des « participants » sachant « collaborer » de manière identique. On doit dès lors calquer Foucault, mais pour décrire cette fois un psychopouvoir : *l'âme singulière devient un élément qui peut se placer, se mouvoir, s'articuler sur d'autres. Sa vaillance ou sa force ne sont plus les principales variables qui la définissent ; mais la place qu'elle occupe, l'intervalle qu'elle couvre, la régularité, le bon ordre selon lequel elle opère ses déplacements.* Gilles Paquet, au fil de son exposé, abandonne toutefois le principe d'auto-obéissance diffus dans sa « théorie ». Il formule de la manière la plus méprisante l'impossibilité qu'il y a pour lui de penser un ordre sans figure de domination : le leadership « prend son sens dans un contexte où il y a chef de file, et file de suiveurs[4] ». Il renchérit : « [U]ne institution sans leader est un corps sans tête. » Nonobstant la prévalence de ce principe de domination, l'auteur caresse toutefois l'utopie d'un monde où les dirigeants seraient supprimés, non pas en vue d'une émancipation des dominés mais parce qu'ils règneraient en le for intérieur de ceux-ci. Cette subjectivité assujettie qu'il appelle le « on » serait au pouvoir dans la mesure où le pouvoir serait dans le « on ». Elle se laisserait tellement investir par les formes instituées qu'« on » se sentirait libre de disposer de pouvoirs, pour autant que le PDG demeure PDG, le banquier banquier, l'actionnaire actionnaire, puis l'employé employé, l'ouvrier ouvrier et le chômeur chômeur. À l'heure de ce ténébreux Grand Soir, les subordonnés intégreraient et généreraient d'eux-mêmes et en eux-mêmes les figures du meneur, devenues ainsi superfétatoires. C'est

---

4. Gilles Paquet, *Gouvernance collaborative. Un antimanuel*, op. cit., p. 189.

guidé par ce principe d'aliénation des dispositions « subjectives » que le concept de gouvernance acquiert sa plasticité. Adjectivable à merci, il se décline ensuite dans mille situations de pouvoir devant soudainement se ressembler : gouvernance corporative, gouvernance managériale, gouvernance actionnariale, gouvernance des universités, gouvernance communautaire, gouvernance publique, gouvernance souverainiste, gouvernance mondiale... Gilles Paquet continue néanmoins de présenter la gouvernance comme un concept auquel les dirigeants sont malheureusement réfractaires. Ceux qui détiennent le pouvoir tangible ont compris que tous n'ont pas encore autant intériorisé les modalités de domination que Paquet lui-même.

PRÉMISSE 38

SCIEMMENT RECOURIR À UNE PENSÉE DÉSINCARNÉE

L ORSQU'IL S'AGIT d'en élaborer le concept, la gouvernance échappe au sociologue Dorval Brunelle. Aucun agrégat satisfaisant aux règles d'économie de la pensée ne subsiste des suites de tâtonnements intellectuels, sinon une notion qui « recouvre des significations très diverses et fort disparates » et qui suscite des définitions d'un genre qui « pose plus de problèmes qu'il n'en résout[1] ». Il ne lui restera qu'à colliger des contributions sur des sujets hétérogènes faisant éclater la notion. Dès lors, pourquoi encore parler de gouvernance sinon pour répondre à un conformisme institutionnel ? Malgré ses meilleures prétentions, la théorie s'essouffle au milieu même des ouvrages qui cherchent à lui donner de la consistance : « Or, nous ne possédons pas encore une bonne grammaire des principes, mécanismes, normes, règles et conventions qui assurent cette bonne gouvernance[2] », laissera tomber exemplairement Gilles Paquet au cœur de son raisonnement. Il est

---

1. Dorval Brunelle (dir.), *Gouvernance. Théories et pratiques,* Montréal, Institut international de Montréal, 2010, disponible sur le web : http://classiques.uqac.ca/contemporains/brunelle_dorval/gouvernance_theories_pratique/gouvernance.html

2. Gilles Paquet, *Gouvernance collaborative. Un antimanuel, op. cit.,* p. 48.

réduit dès lors à présenter la bonne gouvernance comme un bon «pilote automatique». Et les vœux pieux sont nécessairement de rigueur: «La "bonne gouvernance" vise à assurer que l'information circule bien, que réseaux et circuits sont bien nets de brouillage, que chaque agent connaît bien ses droits et responsabilités. Ainsi, le "pilote automatique" pourra bien faire son travail[3].» Il s'agit d'un cas où le charme de la métaphore l'emporte sur la pensée, «où l'accumulation des images fait évidemment tort à la raison, où le concret amassé sans prudence fait obstacle à la vue abstraite», aurait dit l'épistémologue Gaston Bachelard[4]. La gouvernance trouve alors dans une anthropologie du fonctionnement spontané ses motifs de justification. À moins qu'il faille reconnaître en son œuvre la mécanique déshumanisante d'un totalitarisme sans visage.

---

3. *Ibid.*, p. 50.

4. Gaston Bachelard, *La formation de l'esprit scientifique. Contribution à une psychanalyse de la connaissance*, Paris, Vrin, 1993 [1938], p. 75.

Proscrire toute conclusion

Ceux qui persisteront à recourir au lexique de l'heure pour asseoir une autorité diffuse se verront fatalement prisonniers d'une glu qui les empêchera d'en venir aux conclusions. L'intelligence se trouvera neutralisée. Spécialiste de la notion de gouvernance appliquée au champ du développement Nord-Sud, Bonnie Campbell n'est pas dupe. En introduction d'un ouvrage collectif qu'elle a dirigé en 2005 sous les auspices du Centre d'études sur le droit international et la mondialisation (cédim)[1], elle démontrait déjà les ratés du modèle de la gouvernance, en même temps que les mauvais usages dont il faisait l'objet. Son écrit rappelle que la Banque mondiale, dont elle étudie les politiques, a introduit la notion en 1992 en lui donnant une acception apolitique : si cette institution internationale en est venue à prétendre faire la lutte à la pauvreté en imposant aux pays pauvres ses tristement célèbres plans d'ajustement structurel, c'était en réduisant « la politique » à des « conditions administratives » assimilées aux sciences économiques[2]. Il s'agissait, on s'en souvient, de contraindre les États pauvres à se doter d'une économie d'exportation de ressources naturelles

---

1. Bonnie Campbell (dir.), *Qu'allons-nous faire des pauvres?*, Paris, L'Harmattan, coll. « Questions contemporaines », 2005.

2. *Ibid.*, p. 14.

pour gager une dette (souvent détournée par des potentats)
censée relancer l'économie. Ils devenaient ainsi totalement
dépendants de l'évolution des cours financiers sur les matières
premières[3]. À ces programmes d'«aide» s'ajoutaient des contraintes sévères amenant les États à abandonner leur mission
sociale déjà carentielle, à déréglementer des secteurs économiques entiers et à abaisser leurs droits de douane. Campbell
constate à juste titre qu'«il y a très peu de réflexion sur les
conséquences politiques des réformes institutionnelles[4]». Bien
sûr que la Banque mondiale voit en «la lutte contre la pauvreté» un alibi pour contraindre les gouvernements du Sud à
réformer leurs institutions en vue de projets d'exploitation privés. Bien sûr que les «consensus» promus par la Banque mondiale au titre de ses solutions consistent en des programmes de
«verrouillage» au nom de la «bonne gouvernance», comme
l'écrit Campbell en insérant elle-même les idéologèmes entre
guillemets[5]. Bien sûr que les changements de politique annon-
cent des mesures pires que le statu quo, en ce qu'elles concourent
à l'appauvrissement des populations. «La notion de gouvernance véhicule une conception particulière de l'État, une notion
fonctionnaliste et instrumentaliste qui privilégie ses fonctions
économiques, "créer un environnement favorable aux forces
du marché", et subordonne ou met en marge ses fonctions

---

3. Jean-Pierre Boris, *Commerce inéquitable. Le roman noir des matières
premières,* Paris, Hachette Litttérature – Radio France Internationale, 2005.

4. Bonnie Campbell (dir.), *Qu'allons-nous faire des pauvres?, op. cit.,*
«Introduction», p. 14.

5. *Ibid.,* p. 15.

redistributives[6]. » *On peut démontrer* cela, *il y a lieu de s'interroger sur* cela, cela *pourrait,* cela *semblerait* être le cas… mais à force de précautions, de circonlocutions et circonvolutions, cette conclusion ne nous parvient jamais comme telle. Intégrée au groupe de travail tendancieusement nommé Mondialisation, gouvernance et État de droit, la professeure suit le sillon de ce discours fascinée par l'argumentaire qu'elle démonte ; on la voit peu à peu faire tomber les guillemets, reprendre à son compte les termes de son « efficacité », soulever des « hypothèses » à leur égard et se laisser entraîner par la propre force de renouvellement de la gouvernance. Campbell finit par endosser le formatage qui pose problème et par inviter dans des colloques qu'elle organise, comme celui intitulé « Gouvernance et secteur minier », qu'a notamment financé en 2006 l'Agence de développement international du Canada (ACDI), les concepteurs et les profiteurs de discours qui nous bernent : des responsables de relations publiques de sociétés minières en Afrique, des parlementaires acquis à la gouvernance, des bonimenteurs de fondations privées… Elle plaide enfin pour des consensus qui mènent à l'impasse, tourne en rond dans des tournées de tables rondes publiques, quand il ne s'agit pas de pourfendre à voix haute les intellectuels qui refusent ces parades. Elle se console en silence des ratés inexorables de son approche et remet sur le métier son ouvrage autant de fois que les institutions internationales et autres doctrinaires de la bonne gouvernance renouvellent leur rhétorique. Ce zèle l'enferme dans le rôle de critique patentée de la société civile, au

---

6. *Ibid.*, p. 23.

même titre que l'étaient jadis les associations civiques cooptées par les bureaucraties socialistes. Cette incapacité totale d'un éveil théorique la place à mille lieues du philosophe Achille Mbembe, pour qui les programmes de bonne gouvernance, condamnant les Africains à des logiques humiliantes de soumission, doivent être rejetés jusque dans leurs termes mêmes :

> Ces disciplines [science politique et économie] ont entravé la possibilité même d'une intelligence des faits économiques et politiques. [...] Embourbées dans les exigences de l'immédiatement utile, enfermées de façon autoritaire dans l'étroit horizon des doctrines de la *good governance* et du catéchisme néolibéral sur l'économie de marché, écartelées par les modes du jour sur la « société civile », la guerre et de supposées « transitions vers la démocratie », les discussions telles qu'elles sont coutumièrement menées ne se préoccupent plus guère d'intelligence et de compréhension du politique en Afrique ou de production de connaissances en général[7].

La professeure Campbell a certes déposé sous nos yeux la preuve de l'inanité de ce principe de gouvernance, mais tel un personnage d'Ozu peinant à modifier quoi que ce soit à sa tradition mentale, son raisonnement donne continuellement sur la butée du toujours-plus-de-gouvernance, mais cette fois la *vraie*, mais un jour la *bonne*... Survient-il alors en Guinée-Conakry de sanglants affrontements des suites d'un coup d'État du capitaine Moussa Dadis Camara, dans ce pays immergé dans la criminalité financière, dont les activités portuaires sont monopolisées dans un esprit colonial par le groupe français

---

7. Achille Membe, *De la postcolonie. Essai sur l'imagination politique dans l'Afrique contemporaine*, Paris, Karthala, 2000, p. 17.

Bolloré et où sont notamment passées les canadiennes Alcan, Canac, First Quantum Minerals, Hydro-Québec International ou Semafo, que la professeure ne trouve pour tout terme analytique que son flou lexical témoignant d'une impossibilité chronique de nommer un chat un chat : « La présence étrangère fait que tout le monde participe à ce système de gouvernance peu transparent. C'est une logique de reproduction du pouvoir dans laquelle les affaires trouvent leur place[8]. » Et face à laquelle la pensée critique ne trouve pas sa voix…

---

8. Citée dans Judith Lachapelle, « La Guinée compte ses morts », *La Presse*, 6 octobre 2009.

Extraire du bien commun des biens jusqu'alors essentiellement partagés

L E PRIX NOBEL d'économie et ancien numéro deux de la Banque mondiale, Joseph Stiglitz, énonce au nombre des mythes économiques tout ce que la gouvernance postule : conférer une confiance aux marchés financiers, réduire aveuglément les déficits publics, transformer les experts en « héros », ériger en loi les poncifs de l'économie libérale tels que « la main invisible », prétendre que coïncident les intérêts financiers et ceux du bien commun, stigmatiser les institutions publiques, dont l'État, comme de « grands méchants » quand vient le temps d'assurer des services publics, prétendre croire en l'autonomie du marché mondial[1]… Le concept de gouvernance surgit seulement chez Stiglitz pour qu'en soit renversé le sens usuel. L'incipit de son texte : « La réflexion sur la gouvernance mondiale doit partir de la notion de bien public mondial[2]. » Autrement dit, si la gouvernance devait correspondre à un projet socialement pertinent, elle devrait se fonder précisément sur ce qu'oc-

---

1. Jospeh E. Stiglitz, *Quand le capitalisme perd la tête,* Paris, Fayard, 2003, p. 451 et suiv.

2. Joseph Stiglitz, « Global Public Goods and Global Finance : Does Global Governance Ensure that the Global Public Interest is Served ? », dans Jean-Philippe Touffut (dir.), *Advancing Public Goods,* Cheltenham (R.-U.), Edward Elgar Publishing, 2006, incipit, p. 149.

cultent ses thuriféraires, soit le bien public. On en est loin. « Les biens publics ont, en théorie économique, deux caractéristiques fondamentales : la non-rivalité dans leur consommation et la non-excluabilité de leurs consommateurs[3]. » Une fois n'est pas coutume, le terme « consommateur » se trouve ici exclu des logiques commerciales : la poursuite du bien public consiste à garantir par exemple la sécurité, la vigueur de l'écosystème et l'accès aux ressources. Or, soutient Stiglitz, si on définit sommairement la gouvernance comme « façon dont les décisions sont prises dans l'arène mondiale », la « gouvernance mondiale » est incapable de garantir le « bien public ». « On a développé au cours des décennies des systèmes *ad hoc* de prise de décisions et des politiques internationales publiques, que j'appelle la gouvernance mondiale sans gouvernement mondial[4]. » Ces modalités de gouvernance s'imposent à travers un ensemble composite d'ententes, d'accords et de conventions internationales qui ne font pas le poids au regard de ce qu'une autorité établie serait capable d'accomplir. Les institutions financières ne remplissent pas cet office ; la Banque mondiale ou le FMI se définissent par leur caractère dogmatique, occulte et antidémocratique[5] ; l'ONU est décorative. L'absence d'institutionnalisation de la vie publique, qui caractérise en propre la gouvernance à l'échelle mondiale, pose donc fondamentalement problème. Non seulement les civilisations s'éloignent-elles de modèles qui consisteraient à donner en partage des

---

3. *Ibid.*
4. *Ibid.*, p. 153.
5. *Ibid.*, p. 153 et suiv.

ressources qui sont rares au demeurant, par exemple l'eau et
la nourriture, mais le régime de la gouvernance permet de surcroît le développement de procédés factices qui raréfient
davantage les ressources. Stiglitz donne l'exemple de brevets
sur la connaissance qui contribuent à maintenir dans l'ignorance les collectivités bien que cette ressource ne se laisse pas
en principe consumer du fait d'être partagée[6]. Par ses artifices
juridiques, la gouvernance arrive à cet état d'aggravation. De
plus, elle confond souvent le bien public avec des productions
réalisées par des institutions contrôlées par l'État, sans toutefois que les populations en profitent ou aient la garantie d'en
profiter. L'ordre établi de la gouvernance, selon Stiglitz, ne
socialise essentiellement que les externalités négatives, c'est-à-
dire les conséquences néfastes de projets d'exploitation privés
sur les écosystèmes, l'organisation publique ou la sécurité des
peuples. Bref, la gouvernance comme «mécanisme de prises
de décision» se révèle aujourd'hui l'objet d'un échec pour la
pensée des phénomènes d'organisation collective[7].

---

6. *Ibid.*, p. 150.

7. *Ibid.*, p. 153. Également Joseph E. Stiglitz, «The Future of Global
Governance», New York, Columbia University, Initiative for Policy Dialogue,
septembre 2004.

Élaborer des « normes » privées
d'inspiration impérialiste

« Il existe bien des formes et des modalités de la puissance qui ne passent pas par les États : les multinationales le savent fort bien », écrit le politologue Zaki Laïdi[1], inspiré. La gouvernance est l'une de ces formes et l'Union européenne l'exemplifie. Son collectif d'États, investi par une horde de lobbies et fonctionnant selon un organigramme enchevêtré, institue historiquement une alternative entre deux modèles, « la gouvernance et le souverainisme[2] ». Qu'est-ce qui différencie celui-ci de celle-là ? Dans le premier cas se déploie une « puissance par la norme » s'éloignant du modèle de la domination étatique. Dans le second règnent péjorativement des formes hiérarchiques de décision et de coercition. La gouvernance signifie-t-elle alors un ensemble de pratiques émanant des us et coutumes développés historiquement par les peuples, et fondant des pratiques voulues par une sorte de génie populaire ? Est-ce cela qu'il faut entendre lorsque la science politique

---

1. Zaki Laïdi, *La norme sans la force. L'énigme de la puissance européenne*, Paris, Presses de la Fondation nationale des sciences politiques, coll. « Nouveaux débats », 2005, p. 10.

2. *Ibid.*, p. 151.

conçoit qu'«une norme européenne […] subordonne clairement le monopole juridique des États[3]»? Nenni. Les normes
ne sont pas générées par les peuples, mais les peuples sont
générés par les normes. «La régulation par la norme» suppose
que l'Europe s'emploie politiquement à «normer le système
mondial» [sic], toute tendue qu'elle est vers l'utopie d'«une
constitutionnalisation de la norme mondiale» garantie juridiquement[4]. Un tel parachèvement se révèle bien entendu risqué
— l'observateur lucide se souvient que l'Europe a la fâcheuse
habitude de «confondre la défense de ses intérêts avec ceux de
la morale universelle[5]». Sophie Bessis a résumé cette propen-
sion de l'Occident en une «faculté à produire des universaux, à
les ériger au rang d'absolus, à violer avec un fascinant esprit de
système les principes qu'il en tire, et à ressentir la nécessité
d'élaborer les justifications théoriques de ces violations[6]». Cet
art de la colonisation, le dessein politique européen en mobi-
lise pourtant plusieurs facettes comme un inquiétant fonds de
commerce. La gouvernance à l'européenne consiste à mobiliser la «ressource politique majeure» de l'Europe, soit «sa capacité à produire et à mettre en place à l'échelle du monde un
dispositif aussi large que possible de normes capables d'organiser le monde, de discipliner le jeu des acteurs, d'introduire de
la prévisibilité dans leurs comportements, de développer chez

---

3. *Ibid.*, p. 39.

4. *Ibid.*, p. 13.

5. *Ibid.*, p. 14.

6. Sophie Bessis, *L'Occident et les autres. Histoire d'une suprématie*, Paris,
La Découverte, 2003 [2001], p. 10.

eux le sens de la responsabilité collective[7]…» On ne traite donc guère ici de normes en puissance, mais bien de la puissance par la norme. L'approche n'est pas populaire, mais technocratique. Le «projet européen» compte en cela parmi ses quelques «composantes essentielles» le fait de «garantir le libre fonctionnement du marché[8]», d'où ses accointances avec la puissance des multinationales dont les us et fonctionnements l'inspirent. Ainsi, la norme constitue «la marque de fabrique de la puissance européenne», ajoute le politiste en filant la métaphore commerciale[9]. Lorsque l'envergure de cette puissance devient gênante, parce que radicalement contraire aux principes étatiques traditionnels, cet intellectuel organique de la gouvernance restreint sa conscience aux relations interétatiques qui ont cours au sein de l'Europe, «la gouvernance fondée sur le partage de la souveraineté[10]» garantissant soudainement la norme juste. Les États sont donc mis à contribution seulement lorsqu'il s'agit de légitimer un processus qui dépasse complètement les peuples. Telle est de toute façon leur fonction dans bien des «partenariats». C'est pourquoi l'auteur peut se donner pour modèle de référence l'OMC au fil de sa démonstration[11], alors qu'elle est notoirement vouée au démantèlement des institutions publiques des pays. Cette réflexion par

---

7. Zaki Laïdi, *La norme sans la force. L'énigme de la puissance européenne*, *op. cit.*, p. 49.

8. *Ibid.*, p. 9-10.

9. *Ibid.*, p. 12.

10. *Ibid.*, p. 108.

11. *Ibid.*, p. 53.

les chemins de la gouvernance mène inexorablement à la théorie des jeux, elle qui permet à certains acteurs de « fabriquer et légitimer des règles et des pratiques » au-delà des États. La poignée d'acteurs sélects générant ces modalités de puissance trouvera toujours à son service les scribes de la science nécessaires à sa normalisation morale. Raoul Marc Jennar y voit pour sa part une « trahison des élites[12] » et rappelle cette appréciation du sociologue Pierre Bourdieu : « L'Europe ne dit pas ce qu'elle fait ; elle ne fait pas ce qu'elle dit. Elle dit ce qu'elle ne fait pas ; elle fait ce qu'elle ne dit pas[13]. » L'Union européenne se trouve en réalité à élaborer un « marché des normes » à l'échelle de la mondialisation, qui résulte de contraintes technocratiques. La logique promue fait sourdement place nette à un cartel d'entreprises et de faiseurs d'opinions promis à une vaste légitimité politique. Dans la concurrence instaurée entre différents systèmes mondiaux d'encadrement de l'activité économique, il s'agit de développer le modèle de gouvernance par les normes qui favorisera le plus les entités multinationales. Et ce processus a cours au détriment des institutions publiques, mises sous pression par ses architectes pour qu'ils adaptent leur législation au laisser-faire ainsi provoqué. Le Traité sur la stabilité, la coordination et la gouvernance, négocié sous les auspices de l'Union européenne, prive par exemple les États membres de leur souveraineté en matière budgétaire. On comprend à travers sa terminologie floue que cet accord tend à

---

12. Raoul Marc Jennar, *Europe. La trahison des élites,* Paris, Librairie Arthème Fayard, 2004.

13. Cité dans *ibid.*, p. 10.

interdire désormais les déficits publics[14]. Pendant ce temps, la Banque centrale européenne s'empêche de prêter de ses fonds directement aux États, en choisissant plutôt de les confier à des banques privées qui, elles, en créditeront ensuite les États à des taux d'intérêts élevés. C'est ensuite l'Union européenne, soit sa Commission, notoirement opaque et formellement modelée selon les règles de l'économie de marché, qui statuera désormais sur les déficits publics potentiellement illicites des États. Tout en empruntant, les États sont ainsi contraints de mettre fin à maints services publics, donnant ainsi encore plus de place à l'entreprise privée. Seule l'oligarchie profite d'un tel assemblage de normes. « Pour aider les "consommateurs de droit" [que deviennent les entités commerciales et financières] à faire leur choix sur "ce marché des normes", la Banque mondiale publie depuis 2004, dans le cadre de son programme Doing Business, un rapport évaluant les droits nationaux à l'aune de l'efficacité économique[15]. » Alain Supiot, qui met en exergue cette pratique, y voit un « marché des produits législatifs » soumettant brutalement à la concurrence les lois et règles qui doivent fonder la vie citoyenne à titre de référent universel. « Cette technique de gouvernance, ajoute-t-il, vise à décliner dans le domaine social les grandes orientations de la politique économique de la Communauté et, notamment, à promouvoir

---

14. Bernard Cassen, « Désobéissance civique pour une Europe de gauche » et Raoul Marc Jennar, « Traité flou, conséquences limpides », Paris, *Le Monde diplomatique*, octobre 2012, p. 4-5.

15. Alain Supiot, *L'esprit de Philadelphie. La justice sociale face au marché global*, *op. cit.*, p. 66.

l'adaptation de la main-d'œuvre aux besoins des marchés[16]. »
Le grand œuvre colonial n'étant plus le fait politique des États,
mais celui économique et technocratique de la gouvernance, il
se trouve à affecter désormais tous les peuples. Anonymement.
Au Nord comme au Sud, toutes les communautés se trouvent
menacées et, pour résister, vouées à des liens de solidarité.
L'Europe commerciale, marchande et financière, cette Europe
entièrement soumise à la European Round Table et autres lobbies apatrides[17] — celle qui entend « normer » les peuples —
use du terme « gouvernance » précisément pour se démarquer
du modèle étatique et en particulier de son volet social.

16. *Ibid.*, p. 68.

17. Raoul Marc Jennar, *Europe. La trahison des élites, op. cit.*, p. 16 et suiv. ;
et Belén Balanyá, Ann Doherty, Olivier Hoedeman *et al., Europe inc. Comment
les multinationales construisent l'Europe et l'économie mondiale,* Marseille,
Agone, coll. « Éléments », 2000 [1999].

Oublier la fiscalité et sa raison d'être

C OMMENT LA GOUVERNANCE pourrait-elle rendre socialement pertinent le fisc lorsque l'expert à qui il échoit
d'en traiter évite d'en parler tout autant qu'il l'évite lui-même ?
C'est à Hervé Bidaud, avocat fiscaliste aux bureaux parisiens de
la firme McDermott Will & Emery, que fut confiée, dans le
cadre d'un ouvrage collectif[1], la tâche de présenter la « gouvernance fiscale ». Dans l'optique de la gouvernance, le fisc devient
tout autre chose que cet instrument politique d'amortissement
des inégalités sociales voué au financement d'institutions et de
services publics. La « fonction fiscale » y apparaît plutôt comme
l'objet de planifications ayant pour visée de réduire au maximum sa portée, voire de le faire disparaître. La gouvernance
vise à réduire l'impôt public à une « fonction fiscale minimale ».
C'est le « management par la qualité totale » (*Total Quality
Management,* TQM), qui n'est pas sans rappeler la façon dont
on a jadis qualifié des guerres. Il s'agit de techniques qu'appliquent les multinationales ou groupes disposant de filiales pour
répartir leurs fonds à l'échelle internationale afin de réduire la
portée du fisc, si possible à néant. De sorte qu'on en parle le

---

1. Hervé Bidaud, « La fonction fiscale dans l'entreprise. Les nouveaux
défis », dans Jean-Luc Rossignol (dir.), *La gouvernance juridique et fiscale des
organisations, op. cit.*

moins possible et qu'on en oublie jusqu'à la vocation. Les procédés : le « prix de transfert » et les « facturations aberrantes » (*mispricing*). Ces stratagèmes, vivement décriés à l'échelle internationale, font perdre annuellement entre 700 et 1 000 milliards de dollars aux États de droit[2]. Il s'agit pour une entreprise de se facturer à elle-même, d'une filiale à l'autre, ses propres biens et frais d'exploitation, de façon à inscrire ses bénéfices dans les comptes d'entités enregistrées dans des pays à fiscalité réduite. Il faut entendre par là : les paradis fiscaux, que Bidaud — par pudeur? — ne nommera pas. La tactique des facturations aberrantes est particulièrement utilisée. Il s'agit, par exemple, pour une société située aux États-Unis d'acheter à sa filiale offshore des biens tels que des seaux d'eau à un taux exorbitant, par exemple de 1 000 dollars l'unité, de façon à ce que le maximum d'argent se trouve consigné dans le paradis fiscal. Ces fonds échappent ainsi à l'impôt prévu dans le pays où opère l'auteur d'une telle manœuvre. Plus de 1 100 milliards de dollars sont annuellement transférés sur le mode des « facturations aberrantes » depuis des destinations extraterritoriales vers les États-Unis ou l'Union européenne[3]. Le penseur de la gouvernance fiscale est un maître d'œuvre de ce type de pratiques : « Une gestion optimale des prix de transfert consiste […] à bénéficier de ce levier pour optimiser la charge globale d'impôts du

---

2. Laura Figazzolo et Bob Harris (dir.), « Global Corporate Taxation and Resources for Quality Public Services », Bruxelles, Education International Research Institute, décembre 2011, p. 18.

3. « Magnitudes : Dirty Money, Lost Taxes and Offshore », Tax Justice Network, d'après une étude de Christian Aid de 2009, www.taxjustice.net/cms/front_content.php ? idcat=103

groupe[4]», ce que l'avocat entend par «mesures de performances». Selon une psychologie de filous, les États de droit sont strictement présentés comme un facteur de «risque» qu'il faut «prévenir» en s'«organisant» sur un mode légal, ou ailleurs légalisé. Contourner ainsi le fisc peut représenter un «risque» selon «l'agressivité des autorités fiscales» où l'on se trouve[5]. Ainsi conçoit-on les instances du bien commun à l'aune de la gouvernance. C'est pourquoi faire preuve de «performance» en matière fiscale appelle de la «planification». Or, cette position se trouve frontalement contredite par un autre auteur participant à l'ouvrage sur la gouvernance fiscale dans lequel Hervé Bidaud a couché sa pensée. Sous l'appellation de «planification fiscale agressive», en effet, Jean-Pierre Vital désigne le contraire: est «agressif» selon lui — si l'on admet l'anglicisme — moins l'État que le comptable cherchant à tout prix à en contourner l'autorité[6]. La «planification fiscale agressive» correspond ainsi aux montages administratifs qui respectent la lettre de la loi tout en en violant l'esprit. Pour cerner le problème, Vidal propose une définition légale à caractère objectif: toute opération de transfert de fonds entre entités appartenant à un même groupe et qui aboutit à un avantage fiscal est à considérer comme de la planification fiscale agressive. Elle est décriée chez lui comme un «plan de mise en œuvre dans au

---

4. Hervé Bidaud, «La fonction fiscale dans l'entreprise. Les nouveaux défis», *loc. cit.*, p. 132.

5. *Ibid.*, p. 136.

6. Jean-Pierre Vidal, «La concurrence fiscale favorise-t-elle les planifications fiscales agressives?», dans Jean-Luc Rossignol (dir.), *La gouvernance juridique et fiscale des organisations, op. cit.*

moins deux juridictions, qui respecte les dispositions des lois fiscales, et qui conduit à ce qu'au moins une personne physique reçoive un enrichissement net après impôt (réel ou potentiel) supérieur à celui qu'elle aurait reçu abstraction faite de toutes les entités qui s'interposent entre elle et la source de son enrichissement[7] ». Cette proposition a le mérite de faire avancer le débat, puisqu'il s'agit de sanctionner les fuites fiscales sur la base du résultat des opérations plutôt que sur celui de l'intention des auteurs. Entre le discours d'un Bidaud qui cherche au nom de la gouvernance à contourner les mesures fiscales « agressives » des États qui subviennent aux services publics, et celui d'un Vidal qui soutient des façons de contenir les planifications fiscales « agressives » que monte son co-auteur, la gouvernance fiscale telle que synthétisée dans cet important volume se trouve incapable de trancher, cette impuissance tournant fatalement à l'avantage des resquilleurs. Un troisième expert en gouvernance fiscale, Christian Prat dit Hauret, que l'on pourrait convoquer comme arbitre, témoigne d'une fatale impuissance[8]. « L'existence des paradis fiscaux traduit l'absence de règles fiscales qui sont intégrées par les multinationales dans le choix d'implantation de leurs sociétés », écrit-il dans le mauvais français de la gouvernance. Sa contribution visant à contrer l'utilisation des paradis fiscaux se bute à ce plat constat que, devant l'appât du gain, des chefs d'entreprises mettent de côté les

---

7. *Ibid.*, p. 172.

8. Christian Prat dit Hauret, « Paradis fiscaux, capitalisme mondial et responsabilité sociale des entreprises », dans Jean-Luc Rossignol (dir.), *La gouvernance juridique et fiscale des organisations, op. cit.*

considérations éthiques. Il s'ensuit une autre lapalissade :
« Malgré l'existence d'institutions internationales, la gouvernance mondiale ne semble qu'une illusion[9]. »

9. *Ibid.*, p. 202.

Se montrer compatible offshore

En période de crise économique, les législations offshore ont beau jeu de présenter les havres financiers du monde comme autant de refuges pour un capital se protégeant d'une économie en perte de contrôle. La gouvernance leur va comme un gant. Warren de Rajewicz en adopte la logique implicite. La «concurrence fiscale» devient le maître mot d'une gestion publique «saine, légitime et indispensable[1]». Pour ce successeur de feu Édouard Chambost dans la rédaction de guides cyniques sur les paradis fiscaux, les crises économiques — en grande partie provoquées par les *hedge funds* sis aux îles Caïmans — légitiment les fuites monétaires des détenteurs de fortune... vers les paradis fiscaux. Pour ces puissants qui gagnent sur tous les tableaux, les paradis fiscaux sont à la fois la cause et la solution des crises économiques. On mise l'épargne des travailleurs sur des produits financiers hasardeux. Les torts occasionnés par cette économie se font ressentir dans les économies traditionnelles, tandis que les paradis fiscaux offrent à leurs résidents de circonstance une gouvernance les en immunisant tout à fait. Sans rire, David Laufer cite dans son enquête complai-

---

1. Warren de Rajewicz, *Guide des nouveaux paradis fiscaux à l'usage des sociétés et des particuliers. Non, les paradis fiscaux ne sont pas morts,* Lausanne, Favre, 2010, p. 10.

sante, intitulée *Mon banquier m'a dit,* des intervenants comme le professeur Luis Suarez-Villa, de l'université de Californie, qui fait le portrait de la Suisse en État démocratique, pacifiste et respectueux de l'intimité financière de ses sujets (c'est-à-dire: le secret bancaire), afin de dénoncer les États-Unis, qui seraient un ogre fiscal traquant ses sujets à l'échelle internationale, mû par la recherche d'argent pour financer ses croisades belliqueuses. Chez Hoyt Barber, auteur de *Banques suisses*[2], la défense et l'illustration des législations offshore atteignent un degré qu'on pourra qualifier de paranoïaque. Partisan à son tour de la «souveraineté individuelle» contre celle des États, ce «spécialiste des paradis fiscaux», actif au Canada et aux États-Unis, «aide le simple épargnant à protéger ses économies durement gagnées»... en semant la peur par tous les recours possibles. Ainsi apprend-on que le Canada est porteur des signes avant-coureurs qui ont amené des épargnants juifs à consigner leurs économies en Suisse au moment où le régime nazi prenait son essor[3]. Tous les amalgames sont permis. La *menace* de «réglementations fiscales universelles dans le monde entier», associée à «l'oppression gouvernementale», annonce une époque où sévit le «vol» de populations devenues des «esclaves économiques», «la montée du fascisme», «l'autodestruction» et la «mort retentissante». Quel qu'en soit le mode, la plasticité du discours de la gouvernance lui permet d'épouser bien des causes, y compris celle des paradis fiscaux.

---

2. Hoyt Barber, *Banques suisses. Retour des paradis fiscaux,* Champs-sur-Marne (France), Original Books, 2011.

3. *Ibid.,* p. 15.

CANDIDEMENT « DIALOGUER » AVEC DES FOUS ET DES CRIMINELS

IL ARRIVE qu'au nom de la gouvernance surgissent des propositions extérieures à l'orthodoxie managériale. Dans l'*Annuaire suisse de politique de développement*, Pascal Raess échafaude au nom d'un « contrat fiscal social » une vaste restructuration des modalités par lesquelles les États du Sud pourraient percevoir les capitaux nécessaires à leur mission sociale, notamment en matière de santé, d'éducation et de sécurité. Les saignées fiscales auxquelles on assiste dans les pays du Sud sont effectivement dramatiques : pour l'Afrique, elles représentaient au bas mot des pertes de 90 milliards en 2008[1]. On sait depuis longtemps que l'« aide au développement » consacrée au Sud — une aide de toute façon souvent dévoyée par une industrie et une caste de potentats qui en reçoivent la part belle — est largement inférieure aux flux illicites de capitaux partant du Sud au profit d'acteurs du Nord[2]. Raess milite pour des choix politiques qui donnent priorité aux pauvres, en imaginant un vaste chantier de discussion rousseauiste dans le cadre duquel

---

1. Dev Kar et Devon Cartwright-Smith, « Illicit Financial Flows from Africa : Hidden Resource for Development », *op. cit.*

2. Tax Justice Network, « Tax Havens Cause Poverty », www.taxjustice.net/cms/front_content.php ? idcatart=2&lang=1

la collectivité conviendrait de s'administrer à elle-même des contraintes d'ordre fiscal. Inversant le sens des mots, l'auteur promet ainsi pour les «États en développement» un «dividende de gouvernance[3]». Le jargon par lequel on a colonisé la pensée politique empêche les mieux intentionnés d'orienter la réflexion au-delà d'une terminologie qui participe du problème. On fait comme si les sociétés privées étrangères n'exerçaient guère de pouvoir de nuisance sur les délibérations publiques pouvant entraver le principe de «libre commerce», et on suscite le concours d'institutions internationales résolument vendues aux idées du libre marché pour favoriser des mesures contredisant les intérêts qu'elles défendent notoirement. «Comment les institutions bilatérales et multilatérales de coopération au développement peuvent-elles contribuer à ces objectifs en consolidant les systèmes fiscaux nationaux[4]?» L'auteur se pose candidement la question en se rapportant au «Consensus de Monterrey», un autre de ces documents produits sous l'égide de la bonne gouvernance, censé une énième fois sortir le Sud de sa misère. Il milite donc pour le «dialogue» entre acteurs intéressés: «Il faut soutenir un processus de dialogue entre les acteurs de la société civile, du secteur privé et du gouvernement en vue de l'élaboration d'un nouveau pacte fiscal social[5].» Mais «dialoguer» n'est pas un terme qui signifie la

---

3. Pascal Raess, «Fiscalité et gouvernance: rôle et impact de la coopération internationale au développement», *Annuaire suisse de politique de développement*, Genève, The Graduate Institute, vol. 26, n° 2, 2007, p. 2, http://aspd.revues.org/153

4. *Ibid.*, p. 3.

5. *Ibid.*, p. 16.

même chose selon qu'on est en position de pouvoir, ou non. La philosophe féministe Judith Butler relève à juste titre que c'est toujours d'emblée en fonction de structures arrêtées de pouvoirs qu'on définit ce que dialoguer veut dire. «La notion même de "dialogue" est culturellement spécifique et historiquement située, car tandis qu'un interlocuteur ou une interlocutrice peut être persuadé d'avoir une conversation, un autre peut être convaincu du contraire. Il faut commencer par interroger les rapports de pouvoir qui conditionnent et limitent les possibilités dialogiques[6].» Reste-t-on seulement conscient, dans l'ordre des pouvoirs de la gouvernance, que la politique ainsi réduite à une causerie entre intéressés implique qu'on mette les gens remplissant l'office de la «société civile» en présence des vendeurs d'armes créateurs de sociétés minières et pétrolières, des banquiers milliardaires élaborant l'ingénierie offshore qui permet l'évasion fiscale des multinationales présentes au Sud, des chefs d'État camouflant au Luxembourg ou aux Bermudes les ponctions faites dans les coffres de l'État et des représentants d'institutions «de développement» développant l'architecture de rapts coloniaux outrancièrement avantageux aux sociétés financiarisées? Mais ce phénomène, l'expert engoncé dans ses logiques formelles ne l'abordera pas, car son absence de parti pris sociologique l'empêche de le nommer.

---

6. Judith Butler, *Trouble dans le genre. Le féminisme et la subversion de l'identité*, Paris, La Découverte, coll. «Poche», 2006, p. 81.

PRIVATISER UN DROIT « POSTMODERNE »

L A « GOUVERNANCE juridique » des organisations ne concerne pas seulement la façon dont les décisions de nature judiciaire se prennent dans une entité formelle. Elle touche au droit lui-même : on lui fait subir d'importantes transformations au vu des intérêts des entreprises. Qualifié de « postmoderne » — la gouvernance n'étant jamais assouvie de récupérations —, ce droit a force de loi bien qu'il soit soudainement plastique. Privatisé de fait, il concerne les normes que se donnent les acteurs d'un milieu, en s'octroyant le loisir de les suivre ou non. Le rapport britannique Cadbury a jeté les bases de ce principe en 1992, en le baptisant « se conformer ou expliquer » (*comply or explain*). Il préconise l'adoption de règles en marge du processus législatif. C'est donc à son gré seulement qu'on se reconnaîtra dans des mesures légales. La possibilité d'y adhérer est en quelque sorte mise à disposition. Il faudra à la rigueur *inciter* autrui à les reconnaître. Le droit s'ouvre au marketing et fait l'objet d'un marché. Non pas rendre obligatoire la loi, mais rendre celui qui y adhère volontairement porteur d'un avantage concurrentiel en termes de crédibilité sur son rival. C'est encore dans la novlangue de l'économie de marché que la gouvernance pense la loi : « L'effet sous-jacent est non seulement d'orienter les comportements de manière incitative et donc moins contraignante, mais aussi de développer […] une industrie de la gouvernance en forte croissance pour assurer l'effectivité de la mesure des normes instaurées[1]. » Bref, plus d'acteurs sociaux adhèrent par eux-mêmes aux normes volontaires, mieux l'industrie de la gouvernance se porte. Cette culture judiciaire nouvelle repose sur une épistémologie kuhnienne des sciences de la gestion ; elle escompte qu'à partir de la multitude de normes promues aujourd'hui par des chartes et guides de bonne gouvernance, quelques-unes émergent sous la forme de synthèse au titre des *best practices,* allant toujours s'améliorant. Au profit des consultants industriels qui les composent.

---

1. Céline Chatelin-Ertur et Stéphane Onnée, « La gouvernance des organisations. Entre normes et règles de droit », dans Jean-Luc Rossignol (dir.), *La gouvernance juridique et fiscale des organisations, op. cit.,* p. 25.

Prémisse 46

Déterminer par l'argent
l'accès au droit public

MÊME DES JURISTES qui partagent les barbarismes de la gouvernance s'inquiètent des potentielles dérives liées à la «privatisation» du système de droit ainsi rendue possible — l'État perd ses droits de régulation «au profit d'agents privés[1]». Ils n'osent pas encore dire du phénomène, toutefois, qu'il a pour conséquences de livrer la justice à des détenteurs de capitaux, car ceux-ci ont déjà, de toute façon, les clés du système légal. La gouvernance judiciaire n'est que le prolongement d'un processus de privatisation du droit, qui place l'argent au centre de la «stratégie» judiciaire et de l'enjeu même d'accès à la justice. Si «le système de gouvernance est conçu comme une source de réduction de coûts contractuels[2]», selon son impératif d'efficacité, c'est pour soulager de frais juridiques les seuls acteurs ayant d'emblée suffisamment d'actifs pour se faire les «clients» d'avocats dispendieux leur rendant le système accessible. Le comprendre revient aussi à voir le droit comme l'apanage d'une minorité de puissants, bien que ce soit l'ensemble des contribuables qui financent le fonctionnement de leurs institutions traditionnelles.

---

1. Céline Chatelin-Ertur et Stéphane Onnée, «La gouvernance des organisations. Entre normes et règles de droit», *op. cit.*, p. 25.
2. *Ibid.*, p. 28.

RESTREINDRE LA LUTTE DES CLASSES AUX ACTEURS ENTREPRENEURIAUX

PIERRE-YVES GOMEZ est un lecteur de Karl Marx et d'Ivan Illich. Il est aussi un spécialiste de la gouvernance d'entreprise. Son travail théorique : restreindre la portée des termes politiques de la lutte des classes à la culture d'entreprise. La collectivité des actionnaires, les « parties prenantes » internes d'une entreprise telles que ses administrateurs ou ses employés, tout comme les intéressés externes que sont les fournisseurs et les clients, apparaissent comme les nouveaux protagonistes de cette lutte de classes. Tous les termes en sont bien sûr pervertis. Les acteurs sociaux — actionnaires, dirigeants, fournisseurs et résidents aux abords de sites d'exploitation — apparaissent comme participants à l'essor de projets financiers en tant qu'ils en partagent les risques. Le débat déjà vieux qu'a posé Michael Freedman, à savoir si l'entreprise œuvre dans l'intérêt de divers *stakeholders* (parties prenantes) ou des stricts *stockholders* (ou *shareholders,* actionnaires), prend le pas sur toute interrogation critique à propos d'un régime économique s'imposant comme cynique, destructeur et aveugle. Les laissés-pour-compte de ce système n'ont pour leur part qu'à se taire, refoulés dans les oubliettes des externalités. La *fin* de la lutte des classes se trouve narrée dans la description des intérêts des uns et des autres, en tant qu'elle relève de finalités partagées par ou avec l'organisation. Les « théories » de la gouvernance exultent ainsi de signer la mort des rapports antagonistes de classe. Le plus enflammé de ces fossoyeurs ira jusqu'à gommer le concept dans l'œuvre de Karl Marx lui-même, Gilles Paquet voyant en *Le 18 Brumaire de Louis Bonaparte* un strict traité des systèmes sociaux « exposant la crise de groupes » — un texte qui, selon sa lecture bien singulière, nous éloignerait de la « fiction de la lutte des classes » promue dans les autres livres du philosophe allemand[1].

---

1. Gilles Paquet, « Le pouvoir est partout », *Philo & Cie. Magazine de philosophie et de sciences humaines et sociales,* janvier-avril 2012, p. 8.

Prémisse 48

Rendre médiocres les classes moyennes

L A GOUVERNANCE passera pour un mode politique compatible avec les aspirations de la classe moyenne à la condition que cette dernière s'avère médiocre. Le « retour des classes moyennes » que Dominique Darbon évoque, en reprenant au compte de sa pensée sur la gouvernance l'expression du sociologue éclairé Louis Chauvel, n'est possible que dans la mesure où lesdites classes rentrent dans le rang de la délibération programmée. « Quels sont les catégories, classes ou groupes sociaux qui participent, au moins par leur acceptation tacite de ses règles, à (ou de) la constitution de ce *political settlement,* qui s'y identifient et en assurent l'entretien et la stabilité, quitte à l'adapter en permanence "à la marge"[1] ? » Il s'entend que la « classe moyenne » qu'appelle en guise de réponse cette question rhétorique voit dans l'ordre établi « un référent de routine » et « un enjeu majeur de croyances », au point qu'elle est incapable d'imaginer l'ordre dominant autrement que tel qu'il s'impose. La classe moyenne, ainsi domestiquée par les règles du marché, se révèle en réalité objet « des ressources significatives pour l'État en fabrication ». Elle fait preuve d'obéissance, voire de zèle. « Quelles classes sociales sont en position de conforter par

---

1. Dominique Darbon, « Gouvernance et fabrique de l'ordre politique. La réinvention de la légitimité et le retour des classes moyennes », *loc. cit.*, p. 84.

leur industrie ces référents et de les consacrer dans le domaine social, politique et économique[2]? » Cette catégorie sociale — la classe moyenne — reste un facteur de stabilité pour le système de la gouvernance dans la mesure où elle ne prendra part aux modalités prévues de délibération que pour avaliser ce qui a été convenu d'emblée par ceux qui s'octroient le pouvoir de décider. Dans l'optique de la doctrine, les membres de la classe moyenne acquièrent ainsi tous les traits que leur réserve le diagnostic critique du sociologue américain Charles Wright Mills :

> [L]a communauté de leurs intérêts ne suffit pas à les unir, leur avenir ne semble pas dépendre d'eux-mêmes. Leurs aspirations, s'ils en ont, vont plutôt vers le juste milieu, à une époque où il n'existe pas de juste milieu ; donc vers un rêve illusoire, dans une société imaginaire. Ils sont divisés à l'intérieur, à l'extérieur, dominés par des forces qui les dépassent. Même s'ils voulaient agir, leur action serait moins un mouvement organisé qu'un enchevêtrement de conflits isolés. Pris dans leur ensemble, ils ne menacent personne ; pris individuellement, ils mènent une existence privée d'indépendance[3].

Comme l'écrit Darbon sans complexe : « Construire un *political settlement* suppose la capacité de groupes dominants à faire valoir leurs intérêts directement, mais aussi à attirer les soutiens d'autres catégories sociales[4]. »

---

2. *Ibid.*, p. 85.

3. Charles Wright Mills, *Les cols blancs. Essai sur les classes moyennes américaines,* Paris, Librairie François Maspero, 1966, p. 5.

4. Dominique Darbon, « Gouvernance et fabrique de l'ordre politique. La réinvention de la légitimité et le retour des classes moyennes », *loc. cit.*, p. 85.

ANESTHÉSIER QUICONQUE EST SUJET
À LA DISSONANCE COGNITIVE

L A PLASTICITÉ absolue de la gouvernance autorise toutes les contradictions. Un jour, la voici qui survient comme le parangon de la saine gestion. Les experts Yvan Allaire et Mihaela Firsirotu promeuvent alors une «gouvernance créatrice de valeur^{MD}» reposant sur quatre piliers: élire un conseil crédible formé de membres engagés dans l'entreprise à long terme, lui permettre d'élaborer des stratégies, l'amener à se doter des instruments lui donnant une vue d'ensemble sur son entreprise et prévoir des renforcements positifs. Mais là s'amorce une spirale régressive nous faisant rapidement dériver dans le terne univers des poncifs. «La crédibilité est le produit à la fois de la *compétence,* de l'*intégrité* et du fait d'*être digne de foi.* Est-ce que les membres de l'équipe de gestion croient que les discussions avec le CA sont fructueuses, apportent de nouvelles perspectives et un nouveau point de vue, ajoutent de la valeur au processus décisionnel? Est-ce que les gestionnaires croient que les membres du CA comprennent vraiment l'entreprise, ses paramètres clés, ses facteurs de succès[1]?» La gouvernance n'est donc qu'affaire de *senti.* Ses questions cruciales se posent dans l'or-

---

1. Yvan Allaire et Mihaela Firsirotu, «A Capitalism of Owners: How Financial Markets Destroy Companies and Societies and What to Do About

dre tautologique voulant qu'un acteur crédible soit tel « en raison de la confiance qu'il inspire[2] ». L'important, dans ce processus de classe, reste de conférer à l'expert du management le plus de latitude possible en disqualifiant quiconque ne provient pas de sa caste. Ainsi, un syndicat ne devrait pas voter pour un syndicaliste dans le contexte où un siège du conseil d'administration lui est dévolu, mais pour un membre qui fait preuve *au contraire* d'un « sens aigu des affaires et de la finance requis pour jouer un rôle actif sur le CA [sic] ; cette personne exprimerait les préoccupations des travailleurs ». En de telles circonstances, la défense des travailleurs serait faite dans une forme « qui a du sens pour toutes les parties prenantes[3] ». Qui les experts veulent-ils rassurer ? Idem pour les administrations publiques. Le gouvernement doit impérativement confier la gestion des organisations publiques à des conseils d'administration qui seront les plus autonomes possible. C'est un impératif de la « saine gouvernance ». Comment alors garantir que ces mêmes CA fassent preuve d'une « gouvernance de haute qualité » ? En étant « rigoureux dans la sélection des personnes devant [y] siéger ». Tout simplement. De tels vœux pieux ne résistent ni à l'analyse ni à l'histoire, dès lors que des entreprises comme Enron, qui se sont targuées de défendre de telles modalités de gestion, ont été le théâtre des pires fraudes de l'histoire du capitalisme. La théorie de la bonne gouvernance préconise alors tout et son contraire. Elle n'a qu'à déclarer son inanité

It », Montréal, Institut sur la gouvernance d'organisations privées et publiques, 2011, p. 113 (nous traduisons).

2. *Ibid.*
3. *Ibid.*, p. 112.

sitôt qu'un conseil d'administration joue «très mal» son rôle, «car ce n'est pas facile[4]» pour lui… pour afficher aussitôt ses inébranlables prétentions, en se félicitant du développement d'une «nouvelle orthodoxie de la gouvernance» remédiant à la crise[5]. Tout à la fois, la gouvernance n'est pas mise en cause dans l'effondrement d'Enron, mais «cette combinaison d'arrogance, d'âpreté au gain et de complaisance du conseil[6]»… Ah? Mais n'est-ce pas au nom de cette théorie que l'on s'assure le choix des bons membres? Soudainement non — «le conseil ne possède aucun détecteur d'intégrité ni aucun système d'alarme pour lui indiquer que la direction, naguère intègre et méritant pleinement sa confiance, a récemment succombé aux pressions et aux tentations et commis des actes imprudents, voire frauduleux[7]». Il est vrai du reste qu'«aucun conseil d'administration ne peut en savoir plus que les membres de la direction[8]». Même si le scandale dont traitent les spécieux experts s'est trouvé anticipé bien avant qu'il n'éclate par des journalistes qui

---

4. Yvan Allaire et Mihaela Firsirotu, «Tourner Enron. Les leçons d'un fiasco», *Les Affaires,* 2006, rééd. dans *Propos de gouvernance… Avant, pendant et après la crise financière de 2007-2008,* Montréal, Institut sur la gouvernance d'organisations privées et publiques, 2010, p. 228-230.

5. Yvan Allaire et Mihaela Firsirotu, «Les paradoxes de la gouvernance d'entreprise», *Forces,* novembre 2005, rééd. dans *Propos de gouvernance, op. cit.,* p. 242.

6. Yvan Allaire et Mihaela Firsirotu, «Tourner Enron. Les leçons d'un fiasco», *loc. cit.*

7. Yvan Allaire et Mihaela Firsirotu, «Les paradoxes de la gouvernance d'entreprise», *loc. cit.,* p. 242.

8. Yvan Allaire et Mihaela Firsirotu, «Crise financière et leçons de gouvernance», *Forces,* 2009, rééd. dans *Propos de gouvernance, op. cit.,* p. 75.

savaient lire minimalement les chiffres et penser par eux-mêmes[9]? Pourquoi soulever les questions qui fâchent? En ce genre d'affaires, «le conseil est le dernier à savoir», comme la théorie le postule elle-même[10]. Que voulez-vous? «C'est là un autre paradoxe de la gouvernance[11]», écrivent ces impuissants savants, en caractères gras... On a l'impression de lire le *Witz* du chaudron analysé par Sigmund Freud (Le chaudron que je vous ai remis était en parfait état, d'ailleurs le trou que vous y avez trouvé y était déjà quand je l'ai emprunté et de toute façon je ne vous ai jamais emprunté de chaudron.) Et quand on ne sait plus quoi dire, avant que le fil ne soit interrompu, ce qui serait dramatique pour le secteur de la consultation en gouvernance, il reste toujours la possibilité de blâmer l'État. Dans l'occurrence des scandales financiers du début des années 2000, les experts diagnostiquent la trop grande absence de réglementations publiques dans le secteur de l'énergie ainsi qu'en matière de gestion et de rémunération. «Ces fiascos ne furent pas causés par une crise de gouvernance, mais bien par une crise de réglementation[12].» Cela ne manque pas de sel: leur théorie postule précisément la diminution radicale de règlements au profit de formes volontaires de contraintes entre partenaires. La preuve: déjà en est-on à stigmatiser le désengagement

---

9. Bethany McLean et Peter Elkind, *The Smartest Guys in the Room. The Amazing Rise and Scandalous Fall of Enron,* New York, Penguin Books, 2003.

10. Yvan Allaire et Mihaela Firsirotu, «Tourner Enron. Les leçons d'un fiasco», *loc. cit.*

11. Yvan Allaire et Mihaela Firsirotu, «Les paradoxes de la gouvernance d'entreprise», *loc. cit.*, p. 242.

12. *Ibid.*

de l'État qu'on le prie du même souffle de garder néanmoins sa position de retrait: « [I]l n'est pas dit que l'on doive réglementer toutes ces activités[13] »… La souplesse sémantique du terme « gouvernance » est si ample et si grande, qu'elle protège ceux qui en usent et en abusent des désagréments de la dissonance cognitive, à savoir une information qui contredit les valeurs fondamentales du système auquel on se réfère. « Selon un trait psychologique propre aux nouveaux convertis, ils ne se sont pas interrogés sur le bien-fondé du dogme mais ont imputé les échecs constatés à l'insuffisante rigueur de sa mise en œuvre », écrit en ce sens le juriste Didier Danet à propos des commentateurs zélés des règles d'entreprises[14]. La théorie de la gouvernance consiste en un dispositif de consistance cognitive à priori. Il transforme tout ce qui pourrait infirmer les prétentions du régime à faire le bien, en structures factices qui le confirment. Les contradictions à l'œuvre ne suscitent en rien une réorchestration de la pensée. L'époque se trouve tellement corrompue par le bruit qu'elle n'entend plus la dissonance, écrivait Theodor Adorno[15]. La dissonance à l'oreille du sujet atomisé ne résonne plus que comme ce son isolé qui se disqualifie lui-même. Toute proposition critique jure alors à l'oreille dominée par les prémisses de la gouvernance, à savoir adhérer aux projets idéologiques de l'heure et s'efforcer d'y reconnaître ses propres intérêts.

---

13. *Ibid.*

14. Didier Danet, « Misère de la *corporate governance* », *Revue internationale de droit économique,* vol. 22, n° 4, 2008, p. 413.

15. Theodor Adorno, *Dissonanzen. Musik in der verwalteten Welt,* Göttingen, Vandenhoeck & Ruprecht, 1963.

Prémisse 50

Retourner la vanité en une puissance

À CE DEGRÉ de cristallisation, la « bonne gouvernance » fait oublier qu'elle se voulait au départ un simple moyen procédural, pour s'ériger plutôt comme une fin. Comme dans la phrase : « Construire des partenariats plus efficaces entre la société civile et le gouvernement aide certainement à avancer sur la voie de la bonne gouvernance[1]. » Comme dans cette autre : « Le citoyen ne peut plus s'en remettre à un leader providentiel, il doit lui-même devenir producteur de gouvernance[2]. » Et lorsque plus rien ne distrait du son creux que donne la notion de gouvernance sitôt qu'on la touche, lorsque tout discours qui l'élit comme objet y achoppe, lorsque ses amalgames diffus désarçonnent et embarrassent, que son hégémonie endeuille ceux qui la mentionnent des termes auxquels elle s'est substituée, l'apôtre subventionné de la doctrine trouve pour dernier recours de transformer ce rien en une pure puissance de pensée. « Avec la gouvernance nous sommes en présence d'un véritable Récit qui ne manque pas d'embellir la réalité qu'il décrit, participant ainsi à sa transfiguration[3]. » Se découvrant

---

1. Laura Edgar, Claire Marshall et Michael Basset, « Partnerships : Putting Good Governance Principles in Practice », *op. cit.*, p. 5 (nous traduisons).

2. Gilles Paquet, *Gouvernance collaborative. Un antimanuel*, *op. cit*, p. 30.

3. Jacques Caillosse, « Gouvernance et participation. Quelle synthèse ? », *op. cit.*, p. 233.

anthropologue, voici donc le professeur de droit public Jacques Caillosse, constatant le peu de portée de la doctrine au terme d'un colloque, qui s'intéresse subitement à «la nature *mythique* de la gouvernance[4]». Il s'emploie alors à interpréter le sens de ce nouvel oracle. L'approche est plus fantasmatique que théorique : il s'agit de *croire,* dans des termes investis de caractères italiques, pour se laisser abuser par la capacité de ce mot-valise à subsumer sous son sens étriqué autant de situations de pouvoir qu'on puisse imaginer. «Ainsi sommes-nous invités dans le cadre même du présent colloque à *faire comme si* la gouvernance renvoyait, quasi naturellement, à une problématique commune à la grande entreprise, aux collectivités territoriales, aux autorités administratives indépendantes, à l'État, sans oublier la société internationale, toutes réalités confondues dans la grande utopie d'une espèce universelle de gouvernance[5]!» L'ultime prémisse, en laquelle résonne ce que Blaise Pascal suggérait aux fidèles : «Si vous voulez croire, *abêtissez-vous.* »

---

4. *Ibid.,* p. 232 (l'auteur souligne).
5. *Ibid.,* p. 233 (l'auteur souligne).

« D'accord… Mais vous, que proposez-vous ? »

À ces remarques, l'esprit fort rétorquera : « D'accord… Mais vous, que proposez-vous ? » Sûr de sa position « raisonnable » dès lors qu'il s'essaie à se conformer à la norme qui le dépossède, il persistera à réclamer des solutions toutes faites, précisément selon les modalités managériales qui l'asservissent. Il faudra tout lui expliquer.

D'abord, que l'apostrophe « Que proposez-vous ? » excède la seule forme du vouvoiement et inclut nécessairement l'interlocuteur dans une dynamique collective qui comprend également l'auteur de la question. Il s'agit d'un *nous* sans bornes, capable de se réaliser du moment qu'il excède l'arbitraire de la « bonne gouvernance ». L'esprit démocratique point alors. Il relève de puissances que l'histoire, en tout stade donné de sa manifestation, jamais n'épuise. De ce point de vue, nul ne détermine qui a exclusivement voix au chapitre dans un cadre arrêté de prises de décisions. Qui mène ? L'histoire. L'imagination prend alors le dessus sur le catalogue de bonnes manières fourni par une entreprise privée cherchant à assimiler à son cahier des charges les intérêts réfractés des gens. La gouvernance ? En rire. Et vite passer aux choses sérieuses. C'est la leçon que donne Marx pour qui sait lire *Le 18 Brumaire de Louis Bonaparte* : inventer des modalités historiques adaptées aux crises du temps, plutôt que de rejouer l'histoire selon un art si désinvesti qu'il en devient comique.

Comme Simone Weil, tout soumettre à la critique radicale. Comprendre les modalités fragiles selon lesquelles notre régime consent à notre dignité. Rompre le pacte qui nous amène à trouver cette dignité à même les procédures du régime. Ne pas toutefois sacrifier celle-ci. La dignité, la générer nous-mêmes. À l'encontre des coercitions rémunératrices, des obligations factices, des ordres alambiqués, des vociférations autorisées sous lesquelles on ploie. « Une parole de bonté, un instant de contact humain ont plus de valeur que les amitiés les plus dévouées parmi les privilégiés[1]. » Se rendre digne. S'indigner.

Que la pensée reprenne le dessus. Abandonner les déverbaux formulés à partir du participe présent — *gouvernance, dirigeance, militance, survivance, migrance* — et redonner du tonus aux verbes. Comme Foucault dans *Les mots et les choses*, renouer avec l'infinitif, signifier les modalités d'action possibles d'une époque : *représenter, parler, classer, échanger…* S'enquérir des modalités d'intervention dans le réel.

Diffamer ceux qui monopolisent la fable qui les dit fameux. Affirmer tel Émile Zola :

> En portant ces accusations, je n'ignore pas que je me mets sous le coup des articles 30 et 31 de la loi sur la presse du 29 juillet 1881, qui punit les délits de diffamation. Et c'est volontairement que je m'expose. Quant aux gens que j'accuse, je ne les connais pas, je ne les ai jamais vus, je n'ai contre eux ni rancune ni haine. Ils ne sont

---

1. Simone Weil, *La condition ouvrière,* Paris, Gallimard, coll. « Folio », 2002, p. 60.

pour moi que des entités, des esprits de malfaisance sociale. Et l'acte que j'accomplis ici n'est qu'un moyen révolutionnaire pour hâter l'explosion de la vérité et de la justice[2].

Considérer ce qui des institutions de « justice » relève de pouvoirs arbitraires. Y reconnaître les modalités de domination historiquement dévolues à la caste régnante ainsi qu'à ses émules. En comprendre la violence. Ce droit, le signaler comme la *rectitude*. Considérer sa prétention outrecuidante à juger « raisonnables » ou non des comportements qu'il induit. Ne pas prendre pour *loi* ce qui nuit à la possibilité même de délibérer sur les normes qu'il fonde. Le dépeindre comme pouvoir de la *normance*. Le dire, que le droit se révèle aussi un droit de veto que se réserve la caste régnante. Que cette « élite » fondée sur rien peut toujours, lorsque les institutions « démocratiques » qu'elle échafaude échouent à donner l'impression aux peuples qu'ils sont eux-mêmes les auteurs des propos qu'elle leur souffle, recourir à l'institution judiciaire pour forcer la reconnaissance de ses propositions. Donc, considérer la procédure judiciaire comme une manifestation de violence maintenant les peuples à distance de leurs droits. Se rappeler que les pouvoirs constitués et normatifs que le droit impose sont eux-mêmes le fruit de révolutions illégales en leur temps. Entendre l'écho de ce moment initial dans les agressions formellement illégales que commettent des forces policières défendant coûte que coûte le pouvoir instauré. Méditer ceci : « Au fond, le "droit" de la police indique plutôt le point où l'État, soit par impuissance, soit en vertu de la logique interne de tout ordre juridique, ne peut plus

---

2. Émile Zola, « J'accuse… », Paris, *L'Aurore,* 13 janvier 1898.

garantir par les moyens de cet ordre les fins empiriques qu'il désire obtenir à tout prix[3]. » Le droit de la police, le révéler comme l'ultime moyen par lequel, au mépris de ses propres prétentions formelles, se maintient un régime oligarchique.

Inverser le mouvement : non plus sonner l'heure de l'engagement politique, mais celle du dégagement. Mentalement se sortir des matrices insensées qu'infligent les écoles aux fins du diplôme, les patrons aux fins du métier, les radios aux fins de l'échange, les ménages aux fins de l'éducation, les couples aux fins de l'affect. S'en dégager et dégager du sens aux abords d'un monde en faillite. Se saisir des structures, pas l'inverse. Non plus magasiner sa cause, non plus se plaire dans le passe-temps de sa mobilisation, mais se voir et se savoir par-delà les paravents emportés par les vastes courants dont il faut maintenant répondre.

Comme Patrice Loraux, oser oralement : « Une politique de gauche est une politique qui ne sait pas où elle va. » Seule position qui vaille pour rendre révolues les instances qui dépravent la pensée, disloquent la psyché, inhibent la volonté, dévastent la matière, contaminent les eaux, infestent les territoires et brevettent le vivant. Donner la réplique à l'infatuée « rationalité » dominante instituée par la force ou le racolage. Savoir qu'on ignore où mènent d'intempestives décisions prises pour saillir hors d'une consomption historique ; rester à jamais vigilants quant à ce qu'on sait ne pas être encore leurs conséquences. S'émanciper, donc ne plus agir sur la base de promesses, de

---

3. Walter Benjamin, « Critique de la violence », dans *Œuvres I*, Paris, Gallimard, coll. « Folio », 2000 [1921], p. 224.

serments, de sondages, de programmes. Penser. Le renouveau. Continûment.

La fourmi passe sous la patte de l'éléphant… Se faire fourmis : Buñuel présente dans *Le chien andalou* cette main musclée assaillie de fourmis, impuissante. Élaborer des rapports de force ingénieux, donc être forts de nos ténuités démultipliées. Organiser collectivement tout autre chose. Développer une économie. Une agriculture composite. D'autres réseaux. Une autre monnaie. D'autres rapports. Un sens de la justice.

Rappeler comment l'ordre médian dont les bien-pensants se réclament est advenu des suites de révoltes, de colères, de soulèvements. Faire bouger le curseur de la norme vers le curseur de l'exigence. S'y essayer faute de choix. « L'intermédiaire du pouvoir utilise un langage de pure violence. L'intermédiaire n'allège pas l'oppression, ne voile pas la domination. Il les expose, les manifeste avec la bonne conscience des forces de l'ordre[4]. » Répondre intelligemment. Se mettre *à la place* du pouvoir — c'est nous.

Devenir politiquement adulte. Remplacer la rengaine « Qu'est-ce qu'on peut faire ? » par « On fait quoi ? » Lire François-Xavier Verschave, prévoir les victoires politiques à force d'échecs. Afficher un optimisme plus fort que les contingences, la beauté d'un visage pas dupe qui anticipe les réussites collectives par d'âpres voies paradoxales : tracts abandonnés dans les caniveaux, grèves matées, défaites électorales, livres passés au pilon, chefs emprisonnés, discriminations

---

4. Franz Fanon, *Les damnés de la terre,* Paris, Gallimard, 1991 [François Maspero Éditeur, 1961], p. 69.

racisées et *genrées*… Amplifier l'impact de gestes cumulés pour ébranler les pouvoirs et un jour générer dans l'ordre des choses l'agriculture biologique, l'assurance maladie, les minima sociaux et les libertés morales. Dominer les moqueries de contemporains qui n'imaginent pas le jour où l'on prendra ces visées pour des « acquis ». Persévérer.

Table des matières

Du même auteur :

Paradis sous terre. Comment le Canada est devenu la plaque tournante de l'industrie minière mondiale, avec William Sacher, Montréal/Paris, Écosociété/Rue de l'Échiquier, 2012.

Faire l'économie de la haine. Douze essais pour une pensée critique, Montréal, Écosociété, 2011.

Offshore. Paradis fiscaux et souveraineté criminelle, Montréal/Paris, Écosociété/ La Fabrique, 2010.

Noir Canada. Pillage, corruption et criminalité en Afrique, avec Delphine Abadie et William Sacher, Montréal, Écosociété, 2008.

Paul Martin et compagnies. Soixante thèses sur l'alégalité des paradis fiscaux, Montréal, VLB, 2004.

CET OUVRAGE A ÉTÉ IMPRIMÉ EN JANVIER 2013 SUR LES PRESSES DES ATELIERS DE L'IMPRIMERIE MARQUIS POUR LE COMPTE DE LUX, ÉDITEUR À L'ENSEIGNE D'UN CHIEN D'OR DE LÉGENDE DESSINÉ PAR ROBERT LAPALME

Le texte a été mise en page par Claude BERGERON

La révision du texte a été réalisée
par Robert LALIBERTÉ

Lux Éditeur
c.p. 129, succ. de Lorimier
Montréal, Qc H2H 1V0

Diffusion et distribution
Au Canada : Flammarion
En Europe : Harmonia Mundi

Imprimé au Québec
sur papier recyclé 100 % postconsommation